LLYFR
Y
TRI
ADERYN
NEU
ARWYDD
I ANNERCH
Y CYMRU

LLYFR Y TRI ADERYN

(Allan o argraffiad Urdd y Graddedigion o weithiau Morgan Llwyd)

GWASG PRIFYSGOL CYMRU
1974

Argraffiad cyntaf—1974
Adargraffiad—1983

ISBN 0 7083 0550 4

© Prifysgol Cymru

*Cyhoeddwyd yr argraffiad hwn ar ran
Bwrdd Gwybodau Celtaidd Prifysgol Cymru.*

Cedwir pob hawl. Ni ellir atgynhyrchu unrhyw ran o'r cyhoeddiad hwn na'i gadw mewn cyfundrefn adferadwy na'i drosglwyddo mewn unrhyw ddull na thrwy unrhyw gyfrwng electronig, mecanyddol, ffoto-gopïo, recordio, nac fel arall, heb ganiatâd ymlaen llaw gan Wasg Prifysgol Cymru.

Adargraffwyd gan Wasg Gomer, Llandysul, Dyfed

DIRGELWCH
Fraw-iw
DDEALL
Ac i eraill iw
WATWAR,
SEF
Tri aderyn yn ymddiddan
yr ERYR, a'r GOLOMEN,
a't GIGFRAN.

Neu ARWYDD
I ANNERCH
Y CYMRU.

Yn y flwyddyn mil a chwe-
chant a thair ar ddêc a deugain,
CYN DYFOD,
666.

Prîntiedig yn *Llundain* gan *James Flesher*, ac a
werthir gan *Thomas Brewster* tan lûn
y ui Bibl yn ymmyl Pawls

Argraphiadau blaenorol.

1653. Llundain, Flesher.
1714. Y Mwythig, J. S.
1752. Y Mwythig, Durston.
1778. Gwrecsam, R. Marsh.
1807. Merthyr, W. Williams.
1826. Caernarvon, L. E. Jones.
1829 neu 1840. Llanrwst, John Jones.
1889. Liverpool, Isaac Foulkes.
1893. Liverpool, Isaac Foulkes.
1894. Bala, Humphrey Evans.
1898. Liverpool, Isaac Foulkes.
1899. Cyfieithiad i'r Saesoneg ymysg Cyfansoddiadau Eisteddfod Genhedlaethol Llandudno (1896).

Mor. Lloyd

Arwydd i-nnerch y cymvu yn y flwyddyn mil a chwechant a thair ar ddêc a deugain, cyn dyfod, 666.

Eryr. Ba le'r wyti (y *Gigfran* ddû) yn ehedeg?

Cigfran. O amrwy 'r ddayar ac o amgylchu 'r gweirglodhiau i ynnill fy mhwyd.

Eryr. Onid tydi yw 'r aderyn a ddanfonodd Noah allan o'i long na ddaeth yn ôl fyth atto drachefn?

Cigfran. Myfi yw 'r gwir yw 'r aderyn hwnnw, ac mae arnai dy ofn dy brenin yr Abar.

Eryr. Paim na ddoit ti yn ôl at yr hwn a'th ddanfonodd?

Cigfran. Am fôd'yn well gennif fwytta cyrph y meirwon na bôd dan law Noah ai feibion.

Eryr. Di wyddoft (ô *Gigfran.*) i'r golomen ddychwelyd yn ôl, ai deilien wyrdd yn ei phig.

Cigfran. Beth er hynny? nid yw hi ond aderyn gwan ymysg Chediaid y ffurfafen; R'wi fy hun yn gryfach, ac yn gyfrwyfach o lawer.

Eryr. Ond yr wyti yn bwytta cîg y meirwon, ac yn ymborth ar y budreddi annatunol.

Cigfran. Felly yr wyt tithau (O Eryr.) weithiau, er dy fôd yn falch, ac meats yn frenin.

Eryr. Gwîr yw hynny: Ond galwn am y golomen i wrando beth a ddywed hi am dani ei hun, ac am denem ninnau.

Cigfran. Pi ddaw hi i'n cwmni ni rhag ofn.

A 2

Arwydd i *annerch* y *cymru* yn y flwyddyn mil a chwechant a thair ar ddêc a deugain, *cyn dyfod*, 666.

Eryr. O Ba le'r wyti (y *Gigfran* ddû) yn ehedeg?

Cigfran. O dramwy 'r ddayar ac o amgylchu 't gweirgloddiau i ynnill fy mywyd.

Eryr. Onid tydi yw'r aderyn a ddanfonodd Noah allan o'i long na ddaeth yn ôl fyth atto drachefn?

Cigfran. Myfi yn wir yw 'r aderyn hwnnw, ac mae arnai dy ofn di brenin yr Adar.

Eryr. Pam na ddoit ti yn ôl at yr hwn a'th ddanfonodd?

Cigfran. Am fôd yn well gennif fwytta cyrph y meirwon na bôd dan law Noah ai feibion.

Eryr. Di wyddoft (ô *Gigfran.*) i'r golomen ddychwelyd yn ôl, ai deilien wyrdd yn ei phîg.

Cigfran. Beth er hynny? nid yw hi ond aderyn gwan ymylg Ehediaid y ffurfafen; Rwi fy hun yn gryfach, ac yn gyfrwyfach o lawer.

Eryr. Ond yr wyti yn bwytta cîg y meirwon, ac yn ymborth ar y budreddi annaturiol.

Cigfran. Felly yr wyt tithau (O Eryr) weithiau, er dy fôd yn falch, ac megis yn frenin.

Arwydd i *annerch y cymru.*

Eryr. Gwîr yw hynny: Ond galwn am y golomen i wrando beth a ddywed hi am dani ei hun, ac am danom ninnau.

Cigfran. 𝔐i ddaw hi i'n cwmnhi ni rhag ofn, ac ni seiddia hi ddywedyd ei meddwl lle bwyfi.

Eryr. Nage. Rhaid wrth gyngor y golomen. Gwrandawn ar bawb, a dewifwn y gorau. Pale yr wyti (o golomen?) yn lloches y grifiau? Gâd i ni glywed dy lais dithau.

Colomen. *Os cair Cennad (ac onide) mae Ewyllys i ddangos dirgelwch y dwfr diluw a'r hèn fŷd a'r newydd; da gennif ddwyn y ddeilien lâs a newydd da i'r rhai a achubir. Ac mi ddylwn gael cennad i ddywedyd y gwir yn llonydd am danaf fy hunan, ac am bôb aderyn arall.*

Eryr. Dôs rhagot. Ni rwyftra nêb di: Di gei gennad i fynd ymlaen.

Colomen. *Mae gennifi etto lawer ynghylch yfcrythurau ac eneidiau dynion, ynghylch teyrnafoedd a rhyfeloedd, Arch y dyftiolaeth, a chodiad y feren ddydd, Haul y cyfiawnder, a dydd y farn, Diwedd y bŷd hwn, a dechrau'r bŷd arall, naturiaeth Duw, a natur dyn, nêf ac vffern, a llawer o fatterion eraill, Ond mae'r gigfran yn anhywaith, ni chair fôn am ddim daioni o'i bodd hi.*

Eryr. Ond mae Noah wedi peri i mi 'r *Eryr* lonyddu'r *Gigfran* a chadw heddwch ymyfg Adar: Ac fel yr ydym ni 'r Eryrod yn gryfach na'r cigfrain, felly mae 'r da yn gryfach na 'r drwg.

Colomen. *Beth a fyn yr* Eryr *i wybod? ac am ba'r y newydd y mae yn ei feddwl ymofyn?*

Eryr. Mi fynnwn wybod genniti pa beth yw dirgelwch Arch Noah, A chan fôd y dychryn, a'r

Arwydd i *annerch* y *cymru.*

diluw, a'r rhyfel, a'r rhwyſtrau, a'r gwae, a'r gwagedd, a'r camwedd wedi parhau cyd ar y ddayar ; Pa brŷd y ceir diwedd ?

Colomen. *Cyfrinach yw Arch Noah iw ddangos i rai, canys nid yw'r adar drwg, nag yn deilwng nag yn ewyllyſgar iw glywed : Ond am y ddeilien wyrdd, a'r newydd da, fe baid y dwfr diluw pan bregether yr efengyl dragwyddol drwy'r holl ddayar.*

Eryr. Onid yw 'r pregethwyr yn i phregethu hi ymhôb plwyf yn barod ar i rhedeg, ac yn parablu, ac yn darllain yr efengyl i ni yn ein ſefyll ?

Colomen. *Nag ydynt gan mwyaf : Nid adwaenant Dduw, Mwy nag y mae'r twrch dayar yn adnabod yr haul, neu blant Eli yr hwn ai Gwnaeth.*

Eryr. Ond mae nhwy yn dywedyd mai pregethu, 'r efengil y maent i gyd.

Colom. *Ie os yr un llais ſydd gan y gigfran, a'r golomen, neu os yr un fâth yw cyfarthiad cŵn a lleferydd angelion. Ac nid un o ddefaid yr Oen nefol yw'r hwn ni ŵyr nad blaidd yw bugail, ac nad bugail yw'r blaidd.*

Eryr. Ond Beth (meddi di) yw 'r ddeilien lâs a'r efengil dragwyddol ?

Colom. *Arwydd fôd digofaint wedi myned heibio, a'r chwe mîl yn paſsio, a'r Sabbaoth mawr ar fynydd Ararat yn agos.*

Eryr. A geir heddwch drwy 'r bŷd, a goleuni yn lle 'r tymheſtloedd, a'r tywyllwch gwyntog ymma ?

Colomen. *Cair dros lawer o flynyddoedd.*

Eryr. Pa fodd y profi di hynny ? Onis gwnei ni byddaf bodlon i ti, mwy nag i'r gigfran, neu aderyn arall.

Arwydd i *annerch* y *cymru.*

Colomen. *Gwrando* (O Eryr) *a deall*; *Mi ddywedaf y Gwir.* Mewn Chwech diwrnod y gwnaed y bŷd, ac ar y seithfed y gorphwysŵyd medd *Moesen*; *Ac mae vn dydd gyda phreswyli-wr tragwyddoldeb fel mil o flynyddoedd, a mil o flynyddoedd fel vn dydd,* medd Pedr. *Deall hyn meddaf* (Eryr) *canys ychydig ai cenfydd nes iddo ddyfod.*

Gen. 2.

2 Pet. 3.

Cigfran. Crawcc. Beth a wna'r golomen ffôl ymma yn siarad ni ŵyr hi beth, o'th flaen di O Eryr boneddigaidd?

Eryr. Heddwch: Hi wnaeth wasanaeth i'r bŷd yn yr Arch. Rhaid i bôb aderyn arfer ei lais.

Colomen. *Nid da gan y gigfran monosi, er na wneuthum erioed niwed iddi.*

Eryr. Felly nid da gan y drwg y da un amser, ond i hymlid y maent o goed i gastell.

Cigfran. Ai aderyn drwg y gelwi di fi? ai hawdd yw i mi gael fynghyfrif yn ddrwg?

Eryr. Fe a'th anwyd yn uffern, ac yno y mynni drigo. Ond ni fynnit mo'th alw wrth henw dy wlâd, na'th farnu yn ôl dy waith.

Cigfran. Ni fynnai o'm bodd mo'm galw felly.

Eryr. Gwêl, ac edrych ar y golomen ymma, nid gwaeth ganthi hi pa fodd y gelwir hi, canys mwyn, ac arafaidd yw.

Cigfran. Nid colomen wyfi, ond Cigfran. Ac fe ordeiniwyd i bôb aderyn ei lîw, ai lûn, ai lais ei hun; Ac os gofynni di i mi Pam? Minnau a ofynnaf i tithau, O Eryr, Pam nad wyti cyn lleied ac dryw bâch, neu'r wenfol?

Arwydd i *annerch y cymru*.

Eryr. Ond Gwrando (Gigfran) pa newydd yr wyti yn i ddwyn ar ôl dy holl hedeg dros y gwledydd?

Cigfran. Rwi'n gweled mai gwych yw bôd yn gyfrwys pa le bynnag y bwyf.

Colomen. *Nid yw dy gyfrwyſtra di ond ffolineb canys ni fedri ac ni fynni ddyfod yn ôl at Noah.*

Cigfran. Gwêl ô Eryr frenin fel y mae'r golomen o'th flaen di yn fy marnu i.

Colomen. *Nid wyfi ond dywedyd y gwir am danat ti, ac fe fy̆n y gwir o'r diwedd ei le.*

Eryr. Ond dangos di (o aderyn dû) i'th gyfiawnhau dy hun, Pa gyfrwyſtra sydd ynoti mwy nag mewn aderyn arall?

Cigfran. Mi fedraf droi gyda phôb gwynt, ac arogli fy mwyd o bell, a gochelyd y faethyddion. Mi ddeſcynnaf yn agos i nêb heb fy llygad yn fy mhen. Pa opiniwn bynnag a fo gan yr uchelwyr, mi fedraf i lyngcu, am y caffwyf lonyddwch yn fy nŷth.

Eryr. Oni fedr y golomen hynny hefyd?

Cigfran. Crawcc. Mae rhai o'r proffeſwyr newyddion ymma mor wangcus a minnau, ac mor gyfrwys am y bŷd ar gigfran dduaf. Ond os troi'r ddalen a darllain y tu arall i'r gwir, mae llawer o'r dynion newyddion ymma heb ganddynt brîs am y bŷd nag am danynt ei hunain, nag am ddim am y caffont fôd gyda Noah yn yr Arch, mewn cymdeithas yn yſbryd yr ail Adda; Ac ni adwaen ni

Arwydd i *annerch* y *cymru.*

yr un o honom ni y Cigfrain o'r meddwl hwnnw.

Tit. I. 16.

Colomen. *Gwir y mae'r gigfran yn i ddywedyd yn hyn, canys mae llawer a lliw colomennod arnynt, a naturiaeth y gigfran ormod ynddynt.*

Eryr. Ond gwrando di (Gigfran gyfrwys) onid oes ewyllys rhydd gennit? Oni elli os mynni beidio a lladd *yr ŵyn bâch*, a chymmeryd rhyw ffordd arall i fyw?

Cigfran. Ped fai ewyllys fe fyddai allu. Ped fai'r gwaethaf yn gallel iawn ewyllysio bod yn orau, fe fynnai fod felly: Ond mae ewyllys pawb wedi i gartharu yn ei naturiaeth ei hun.

Eryr. Ond oni elli di ddyfod allan o'th ewyllys, a'th wadu dy hun?

Cigfran. Na allaf. Trêch yw naturiaeth na dim, ac ni welaf fi fawr yn nofio yn erbyn y ffrwd honno. Je, ni all nêb i gwrthwynebu yn hîr ond y fawl fydd a naturiaeth newydd ganddo.

Eryr. Ond Beth yw'r ewyllys i'r naturiaeth?

Cigfran. Mae'r ewyllys yn y creadur fel y ffrwyn i'r march, neu lŷw i'r llong, neu Arglwydd mewn gwlâd. Ac os bydd yr ewyllys yn ddrwg, mae pôb pluen o'r aderyn hwnnw yn ddrwg hefyd.

Eryr. Da yr wyti yn dywedyd dy refwm, ond drwg yr wyti yn gwneuthur. Pa le y cefaifti y fynwyr ymma i ymrefymmu fel hyn?

Cigfran. Ymha le y cawn i hi, ond yn

Arwydd i *annerch* y *cymru*.

pſcolion y deyrnas? Ond yn aderyn du yr aethym i i'r yſcol, ac yn gigfran ddu fel y gweli y daethym i adref.

Eryr. Wrth hynny. Ni buaſe waeth i ti aros gartref.

Cigfran. O ni fynnaſwn i er dim aros gartref: Canys mi a ynillais gallineb i dwyllo'r adar, a phei rhoiti gennad (O Eryr) mi a'th dwylltwn dithau fel y ſiommodd y phariſeaid Bontius Pilat. Ond craff yw dy lygad ti, a rhaid tewi.

Eryr. Ond a welaiſti mor colomennod yn yr yſcolion llei buoſt di?

Cigfran. Yr oedd ymbell un. Ond ni fedrwn i ddarllain mo'i hiaith nhwy, na nhwythau ddeall mo'm meddyliau innau. Ond Pam yr wyt, O Eryr yn taro gyda'r golomen o'm blaen i?

Eryr. Mae Noah yn i hoffi hi yn fwy na'th di.

Cigfran. Er hynny Cofia mai er i'r golomen gyntaf, a'r ail ddyfod i'r Arch eilwaith ni ddaeth y drydedd i ymorol am dano mwy.

Eryr. Fe alle mai Anghriſt oedd honno yn rhith colomen: neu fe alle fôd y byd yn rhydd iddo ar ôl darfod cyfryngdod a gweinidogaeth yr Arch.

Cigfran. Ond fel y waethaf y mae nhwy i gyd beg gwyddit.

Eryr. Nage. Onid y nhwy yw'r adar gwirion, hawddgar, cyflym, cwynfannus, diniwed; ac mae yn y gwledydd bobl o'r fâth honno, er dy fôd ti yn crowccian yn i herbyn: Gwell a fyddai i ti aros

Arwydd i *annerch* y *cymru*.

gyda ni yn ddiniwed. Fe wyr Noah mai aderyn drwg wyti; Ac mae ei fwa ef yn cyrhaeddyd o entrych y ffurfafen, i waelod y ddayar, a'i faeth ar y llinyn yn erbyn pôb aderyn drwg, fydd wedi i adel ef heb ddychwelyd atto.

Cigfran. Mi ddywedais ddwy waith o'r blaen i ti, na allai newid mo'm naturiaeth mwy na'm lliw; mae gennif lawer chwedl iw ddywedyd, bei cawn i gennad, a chroefo.

Eryr. Pam na ddywedi di dy feddwl yn hŷf, a minnau yn rhoi cennad i ti?

Cigfran. Ond fynhwyrol yw'r nêb a ddywedo mewn damhegion; A brenin wyti yr awron. Ac os dywedaf ddim yn erbyn dy feddwl di, di am anrheithi.

Eryr. Na wnaf ddim. Fe ddyle rheolwyr roi cennad i bawb i ddywedyd i meddwl: Dywaid yn hŷf, ac mi a'th wrandawaf.

Cigfran. Ond mae'n beryglus dywedyd y gwîr yr awron: mae milwyr a chynghorwyr yn fpio am danom, i'n dal, ac i'n difetha.

Eryr. Nage. Drwy na ddywedych ond y gwîr fydd ynot mewn heddwch, di gei dy wrando.

Cigfran. Na wrando ar y golomen, ni fedr hi ond rhyw duchan oferedd: wedi'r cwbl (meddaf fi) melys yw bwytta o chwant y cnawd tra barhatho. A Gwych gennif (bes gallwn) ddifa yr holl rai bâch wedi i newydd aileni, a dychrynnu y lleill am llais garw gwrol.

Eryr. Drwg yw creulondeb y llais garw. Oni

Arwydd i *annerch* y *cymru*.

wyddoſt ti mai gwell bôdd pawb, nai anfodd? Dyſg Rhuf. 12. 18.
y gwirionedd gan y colomennod, a bydd ddiddig
ynot dy hunan.

Cigfran. 𝔐𝔦 𝔠𝔥𝔩𝔶𝔴𝔞 𝔦 𝔴𝔢𝔩𝔩 𝔩𝔩𝔞𝔦𝔰 𝔭𝔯𝔢𝔤𝔢𝔱𝔥𝔞𝔲 𝔤𝔞𝔫 𝔶 𝔫𝔞𝔦𝔩𝔩 𝔫𝔞'𝔯 𝔩𝔩𝔞𝔩𝔩.

Eryr. Fe fedr y golomen atteb nad oedd St. *Paul*
ond gŵr gwael yngolwg y Corinthiaid, ond tuedd, a 2 Cor. 10. 10.
dyfnder y meddwl mewn pregethwr iw'r cwbl.

Cigfran. 𝔒𝔫𝔡 𝔭𝔴𝔶 𝔰𝔶𝔡𝔡 𝔶𝔯 𝔞𝔴𝔯𝔬𝔫 𝔣𝔢𝔩 𝔶𝔯 𝔄𝔭𝔬𝔰𝔱𝔬𝔩𝔦𝔬𝔫?

Eryr. Er hynny. Mae'n hawdd i lygad *Eryr*
ganfod fôd yr un môr yn torri allan yr awron ac
oedd y prŷd hynny; ond nad yw'r ffynnonau ymma
o ddwfr etto yn troi yn llynniau fel cynt, eiſiau
calonnau iſel iw derbyn.

Cigfran. O Eryr, na 𝔠𝔥𝔯𝔢̂𝔡 𝔪𝔬𝔯 𝔤𝔞𝔲 𝔟𝔯𝔬𝔭𝔥- 𝔴𝔶𝔡𝔦, 𝔬𝔫𝔡 𝔠𝔬𝔰𝔭𝔞 𝔫𝔥𝔴𝔶 𝔪𝔢𝔴𝔫 𝔭𝔯𝔶𝔡.

Eryr. Nid ffals brophwydi yw y rhai fy'n traethu
yr efengyl, ac yn byw ar ei hôl: drwg yw cenfigen.
ſôn yr oedditi am dy ſîr dda ar y cyrph meirwon,
os cefaiſt, cadw os gelli. Minnau a gefais lawer o'r
ſeigiau hynny; Ond mae nhwy wedi darfod.

Cigfran. 𝔒𝔫𝔦 𝔴𝔢𝔩𝔦 𝔡𝔦 𝔤𝔶𝔴𝔦𝔬𝔫 𝔶 𝔠𝔬𝔩𝔬𝔪𝔢𝔫𝔫𝔬𝔡 𝔶𝔫 𝔢𝔥𝔢𝔡𝔢𝔤 𝔦'𝔯 𝔭𝔲𝔩𝔭𝔲𝔡 𝔦 𝔟𝔯𝔢𝔤𝔢𝔱𝔥𝔲, 𝔞𝔦 𝔭𝔩𝔲̂𝔰 𝔤𝔢𝔫𝔦 𝔞𝔪 𝔢𝔦 𝔭𝔢𝔫𝔫𝔞𝔲; 𝔓𝔞 𝔣𝔬𝔡𝔡 𝔶 𝔤𝔞𝔩𝔩 𝔦𝔣𝔣𝔦𝔢𝔫𝔤𝔱𝔦𝔡 𝔟𝔡𝔶𝔰𝔠𝔲 𝔥𝔢𝔫𝔞𝔦𝔫𝔱?

Eryr. Fe ddywaid y golomen i ti, fôd y llangc
Joſeph (ac *Elihu* hefyd) yn fwy ei ddyſg nâ'r hen- Pſal. 105. 22.
afgwyr. A bôd rhai yn ddyſcedig yn ei hifiengtid, Job 32. 9, 10.
a llawer yn ynfydion yn ei henaint. Ac nad
dyfnderoedd ffynnonau naturiaeth ſy'n dyfrhau Zach. 10. 1.
enaid dŷn, ond y cawodydd oddifry; ac na wydde

Arwydd i annerch y cymru.

Joan 3.

Nicodemus ddyfcedig beth oedd yr ailenedigaeth mwy na phlentyn cyn i eni, a llai na phlentyn bâch wedi i eni. Di weli langc bychan yn deall mwy nag anifail mawr, ac fel y bo'r dydd yn gwawrio, y mae dŷn yn gweled. Canys fe welai Joan efangylwr lawer mwy ganol dydd, nag a welai Joan fedyddiwr ar y wawr: am hynny y lleiaf yn nheyrnas nêf oedd fwy nag ef.

Cigfran. Ond mae'r genhedlaeth ragrithiol yma yn barnu ei henafiaid, i bôd nhwy yn nhân uffern, ac er hynny fôn a wnânt am gariad perffaith.

Eryr. Mi wn amcan beth y mae nhwy yn ei ddywedyd, Rwyti yn cam gymmeryd ei geiriau: vchel yw paradwys, a dwfn yw uffern, nid oes fawr etto yn y bŷd canol ymma yn canfod yn eglur pa rai fydd yn y ddau fŷd eraill. Ac am ei henafiaid, gobeithio maent fôd cynnifer o honynt ac a wnaethant yn ôl yr hyn a wyddent wedi dychwelyd i lochefau'r Arch, Ond nad digon i'r oes ymma fôd fel y nhwy. Canys fe edrychir am lawer oddiwrth y rhai a dderbyniafant lawer.

Zech. 1. 4.
Luk. 12. 48.

Cigfran. Ond mae llawer o opiniwnau newyddion, ac o herefiau diniftriol, ymyfg yr adar anyfcedig ymma.

Efay 11. 3.
Matth. 15. 14.

Eryr. Pa bethau yw rheini? Ni chredai mo bôb chwedl; Gâd i mi weled am llygad fy hunan, ac yna mi a farnaf.

Cigfran. Ond fiwrach i ti gredu y Doctoriaid dyfcedig? ac os parant i ti ddial, gwna heb rufo.

Eryr. Nid felly. Mi welais yn amfer Mary, Elizabeth, Jago a Charles olaf, ac er hynny hyd yn

Arwydd i *annerch* y *cymru*.

hyn, nad oedd ond y trecha treified, a llawer o waed gwirion a dywalltwyd i geifio yftwytho cydwybodau y rhain. Ond mae'n rhaid i ebill athrawiaeth fynd o flaen morthwyl rheolaeth, rhag hollti'r pren, neu blygu'r hoel.

Cigfran. Gwrando dithau (ô Eryr tywyfogaidd) Pam yr wyti yn gwarafun i'r cigfrain fyned ar ôl ei meddyliau, ai cydwybodau? yr wyti yn dwyn ein llyfr gwafanaeth oddiarnom, ac yn ein llwytho ni a threthi trymion yn ôl dy ewyllys dy hun, ac yn gwneuthur gwaeth na'n bygwth, onis talwn hyd adref.

Eryr. Am y trethi. Er na ŵyr y gigfran cyftal ar *Eryr* beth fydd iw wneuthur i fantumio arfau, a llongau i gadw heddwch, etto rhaid i ti dalu teyrnged, ac ymoftwng i'r awdurdod fydd arnat, ac oni bai fôd y cigfrain hyd yn hyn yn yfcymun, ni bydde raid wrth filwyr, na threthi iw mantumio. Pan ddyfcech di fôd yn llonydd fe yfcafnheir y trethi. Ond am lyfr dy wafanaeth, mi chwedleuaf yn y fan a'r golomen, i weled beth a ddywaid hi yn hynny.

Cigfran. Cigfran anhappus wyfi: Roedd fy henafiaid i yn cael llonydd, a'r eryrod a'r rheolwyr gynt yn cymmeryd ei hefmwythdra, ac yr awron yr wyti yn fwy dy refwm, ac yn llai dy nerth na'r tywyfogion o'r blaen.

Eryr. Digon yw hynny o weiniaeth a chyfrwyftra; yr oedditi gynne yn fôn am herefiau diniftriol fydd ymhlith y colomennod. Henwa un o'r herefiau hynny, ac mi ai hyftyriaf, ac onide mi & &.

Arwydd i *annerch* y *cymru.*

Cigfran. Mae nhwy yn dal nad oes ond un brenin, ac yn dywedyd i fôd ef ymhôb lle ac heb i gynnwys yn unlle. Nid adwaen i mor brenin hwnnw. Ac mae nhwy a'r fedr dy wrthod tithau O Eryr i fôd yn swyddog arnynt ac am hynny fynghyngor i yw i ti mewn pryd edrych yn dy gylch.

Eryr. Nid rhaid i mi ofni mor colomennod gwirion, ni wna nhwy ddim ond a fynno Noah, yr hwn er ei fôd ef yn aros yn gorphorol yn yr Arch, mae ei Arglwyddiaeth ef dros yr holl fŷd.

Cigfran. Ond mae nhwy yn dal mae nhwy yw'r bobl buraf. Oni chlywaisti'r golomen gynneu yn i chanmol ei hunan?

Eryr. Mae hi yn llawer hawddgarach na'th di. Ac rwi'n cofio i'r dynion diniwed gynt ddywedyd i bôd nhwy yn blant yr Arch, a bôd yr holl fŷd yn gorwedd mewn drygioni, a bôd ganddynt hwy sêl ddirgel, nad edwyn nêb ond nhwy i hunain.

1 Joan 5. 19.
Dat. 2. 17.

Cigfran. Ond nid opiniwn dŷn am dano ei hun a all ei achub heb weithredoedd da.

Eryr. Mi wn nad yw'r golomen yn barnu mor yscuthanod, a llawer mâth arall o adar, ond am yr adar drwg, mae ei gweithredoedd ei hunain yn i barnu.

Cigfran. Ond pa le y mae ei gweithredoedd da nhwy, ar ôl ei holl duchan, ai trydar?

Eryr. Oni allant wneuthur y daioni a fynnent, ni wnânt niwed i nêb. Ond dydi, gan na fynni wneuthur da, Di a fedri ac a fynni wneuthur drwg.

Cigfran. Ond niwed iddynt hwy hedeg i

Arwydd i *annerch* y *cymru*.

gaeau ei cymydogion a difetha ei hadyd, wrth i barnu i uffern, fel pe baent oll yn golledig.

Eryr. Yn yr hyn y mae nhwy ar fai nid wyfi yn dadleu droftynt; Ac ni all nêb ond Noah farnu calonnau yr holl adar: Ond yr wyti yn barnu calon y golomen, i bôd hi yn ddrwg; a phawb yn gweled wrth dy liw, a'th lais, a'th weithredoedd di, dy fôd ti yn ddrwg dy hunan.

Cigfran. Ni allai aros clywed y gerdd ymma. Attolwg gâd lonydd i mi i ehedeg ilei mynnwyf:

Eryr. O aderyn cyfrwyfddrwg, Gwell gwrando na chael dy ladd. Ond fe lâs a gafas rybudd. Mae arnai fy hun eifiau cael fy nyfgu, Ond er na wn i fawr; Rwi yn rhwymedig i roi i ti gyngor, a thithau yn rhwym i wrando ar fy llais.

Cigfran. Pa feia ormod arnafi, Pa warrant oedd gennit ti, os gwiw gofyn, i dorri pen y Brenin, ac i fymmud Parliamentau wrth dy blefer dy hun, fel na wyr fawr yr awron i bwy yr ymoftwng i dalu teyrnged. Ac mi welaf fôd teyrnas heb reolwyr (fel corph heb ben) a phawb yn gwneuthur a fynno ef ei hunan.

Eryr. Geirwon yw geiriau'r Gigfran. Ond gwrando er hynny ar refwm. Mae yfpryd rheolaeth fyth yn parhau, a'r fawl na phlycco iddo, a ddryllir. Mae Noah yn rhoi rheolaeth i'r fawl a fynno. Yn goftwng y naill, ac yn codi'r llall o'r dommen i reoli. Nid oedd *Gideon*, a *Saul*, a *Dafydd* ond gwŷr gwael ar y cyntaf yn y bŷd. Ac o'r tu arall, mae efe yn chwythu ymmaith bennaethiaid y bŷd fel llŵch y llawr dyrnu i'r dommen. Canys Dan. 4. Dan. 2. 35.

Arwydd i annerch y cymru.

nid yw efe yn derbyn wynebau dynion. Nid yw'r holl ddayar ond ftôl draed iddo. Mae efe yn rhychwantu y ffurfafen, ac yn dal y môr mawr ar gledr ei law, ac yn pwyfo y mynyddoedd mewn cloriannau; ac os bydd un gŵr mawr yn rhy yfcafn, mae efe yn i roddi heibio; ond mae efe yn edrych ar yr ifel, ac yn cynnal y galon dorredig.

Efay 40.

Dan. 5. 27.

Cigfran. Mi welaf y teyrnafoedd yn berwi fel ped faent grochanau ar y tân. Ond beth a ddaw dybygi di O Eryr ar ôl hyn?

Eryr. Ni wn i fy hun, mi gaf wybod gan y golomen. Ond rwi'n tybied y ceir etto fŷd gwell nag a gaed erioed, canys yn y nêf a'r ddayar newydd fe erys cyfiawnder.

Cigfran. Ond oni weli dy hunan fôd y byd yn myned waethwaeth, a chariad perffaith yn treio?

Eryr. Na fonnia di am gariad perffaith (O Gigfran amherffaith). Beia arnat dy hun yn gyntaf, ac yna mae gobaith o honot. Oni weli di fôd yr haul yn cledu'r clai? a pha dwymna y tywynno ar y dommen brynta fydd: Mae'r da yn mynd well-well ymhôb oes erioed, a'r drwg yn mynnu mynd waethwaeth.

Rhuf. 2. 21.

Cigfran. Mi welaf dy fôd ti fyth yn ffafrio'r colomennod: Oni wyddofti i bôd nhwy yn ymlufgo i deiau, ac yn gwneuthur drygioni gyda'i gilydd?

Eryr. A fuoft ti erioed yn i myfg nhwy i weled beth y mae nhwy yn i wneuthur?

Cigfran. Na fûm. Ac nid wyfi ar fedr bôd mor ffôl a myned yn agos attynt iw cyfarfodau hwynt.

Arwydd i *annerch y cymru.*

Eryr. Oni buost; Pa ham yr wyti yn i cyhuddo?

Cigfran. Mi glywais lawer yn dywedyd, nad oes dim daioni i'w gael wrth fôd yn ei mysg nhwy.

Eryr. Mi wrantaf mai rhyw gigfrain eraill a ddywad y chwedl ymma i ti am danynt hwy.

Cigfran. Beth os ê? Mi gredaf i synwyr un gigfran o flaen cant o golomennod. Ond mae nhwy yn gwadu'r yscrythurau, a phôb daioni.

Eryr. Pam y maent hwy (wrth hynny) yn i darllain mor fynych? Ond odid di dy hun sy'n gwadu'r scrythurau. Ac heb edrych arnynt unwaith yn y pedwar amser, nag heb i darllain o'r tu fewn chwaith, iw dangos mewn gweithred oddiallan.

Cigfran. Ond pobl dwyllodrus ydynt hwy? nhwy a ddywedant yn dêg, ac a weddiant weddiau hirion, na thalant ddim wedi'r cwbl.

Eryr. Ni ofynnwn i'r golomen Beth a atteb hi drosti i hun. Beth a ddywedi di wrth hyn?

Colomen. *Gwell yw na ddyweder dim wrth rai direswm. Ond gwir yw, yr ydym ni yn ymgyfarfod yn fynych, yn dywedyd yn dêg, yn ceisio gwneuthur y daioni i bawb, ag nyni a ewyllysiem bei gallem wncuthur yn well. Ac os gellir profi yn bôd ni o'n bodd yn* Act. 25. 11. *niweidio nêb, Cymmer di* (O Eryr) *ddial arnom. Ond ni ddyle'r gigfran gael ei hewyllys. Nid oes chwaith goel ar i gair nai llŵ hi, mwy nag ar sytheiriad ci. Hi fedr dyngu cant o lŵon, am y gallo hi lyngcu eraill. Ac am y gweddiau hirion, y rhai'n sy'n*

Arwydd i annerch y cymru.

pwyso ar ei chylla hi: Mae'n rhaid i ni barhau nes y caffom gan Noah wrando. Je di weli dy hunan ein

1 Joan 3. 22. *bôd ni yn cael agos bôb peth ar yr ydym ni yn i ofyn, yr ydym ni yn curo wrth yftlyfau yr Arch, ac yntau yn agor i ni.*

Eryr. Henwa un peth a gafodd y colomennod?

Colomen. *Ni a weddiafom ar i ni y colomennod gael y llaw uchaf yn y rhyfel, ac am lawer peth arall, ac fe ai rhoddwyd i ni.*

Cigfran. 𝔄i colomennod oeddychwi yn am=ser y rhyfel? tebyccach i gythreuliaid o lawer.

Colomen. *Gwir yw fôd rhai adar afreolus wedi taro ar ein plaid, ar rheini a wnaethant gammau drwy blundrio'r gwledydd.*

Cigfran. Crawcc. Mi glywn ar fynghalon ladd y golomen wenhieithus ymma.

Eryr. Digon. Mi welaf y mynnit ti ddechrau rhyfel arall o newydd bes gellit. Digon yw hynny o ymladd, Di gefaift dy guro yn fynych.

Cigfran. Gâd iddo. Mi gaf ddiwrnod etto.

Eryr. Etto fyth? Di foniaift lawer gwaith am gael y llaw vchaf. Bydd gall o'r diwedd; A

Dih. 1. chofia mai esmwythdra'r ynfyd ai lladd. Canys ni chlyw efmwyth fôd yn efmwyth.

Cigfran. Esmwyth meddi di? mi fynnwn bei gwyddit ti mor anefmwyth ydwi etto.

Eryr. Os byddi efmwyth ynot dy hunan di gei bôb peth yn dda. Gochel fôd fel *Cain* filain, neu fel *Balaam* ddichellgar, neu fel *Achitophel* gyfrwys, neu fel *Abfolon* aflonydd, neu fel Suddas fradwr, neu ryw anifail drwg; neu yn afreolus fel y môr. Oni

Arwydd i *annerch* y *cymru*.

phrynaift ti fynwyr etto? Gochel neidio o'r badell ffrio i'r tân: Mi ddywedais o'r blaen i ti, Mai y rhwyd a weûodd dy falais dy hun fydd yn dy faglu.

Cigfran. Ond Pam yr ydychwi yn fyngalw i yn Gigfrân?

Eryr. Tra foch di *Cigfran*, Rhaid yw dy alw di felly?

Colomen. *Os paid y gigfran ai chreulondeb. Fe ai hoffir hi fel aderyn arall: Nid oes ynofi na chwerwedd buftl na malais yn ei herbyn. Ond mae yn ddrwg gennif drofti.*

Eryr. Fe allai y gellir i newid hi er hyn i gyd.

Cigfran. Mae Noah wedi fyngwrthod i, ac nid gwaeth i mi beth a wnelwyf os gwrthod= edig ydwyf.

Eryr. Nid efe a'th wrthododd di. Ond dydi ai gwrthodaift ef, ac a aethoft ymmaith. Cariad ac Ezek. 33. 11. ewyllys da yw efe, ac nid oes dywyllwch ynddo. Hawdd ganddo faddeu i'r gwaethaf; Anhawdd ganddo ddigio, a gwych ganddo hîr-ymaros.

Cigfran. Ond mae llawer yn dywedyd i fôd ef wedi gwrthod llawer, a dewis rhai cyn i geni.

Eryr. Mae hyn tû hwnt i'm dyfg i: fe alle y gŵyr y golomen y dirgelwch hwn. Beth a ddywedi di?

Colomen. *Anhawdd dywedyd, ac anhawdd deall pa fodd y mae'r dyfnder hwn yn Noah. Ond mi ddarllennaf i chwi yr* A. B. C. *cyntaf fel hyn. Mae ynhragwyddoldeb dri yn vn, fef ewyllys, cariad, a nerth, a'r naill yn ymgyrhaeddyd erioed a'r llall, ac*

Arwydd i annerch y cymru.

Dih.

yn ymborthi, ac yn ymgenhedlu yn i gilydd byth. Oni bai fôd plefer cariad tragwyddol i borthi'r ewyllys anfeidrol ni byddai nêb yn gadwedig. Ac oni bai fôd cynhyrfiad yr ewyllys cyntaf yn dân llofcadwy, ni byddai nêb yn golledig. Ac oni bai fôd y tri, fel hyn yn cydweithio, ni buafai na dŷn, nag angel, nag anifail, na dim arall wedi i wneuthur. Mae rhai wedi ymefcor erioed yn y cariad drwy yfcogiad yr ewyllys, yr hwn fydd yn i gwafcaru fel gwreichion allan o hono ei hun, ac yn i tymheru yn nŵfr y difyrrwch (yr hwn yw'r Arch) nid yw gwreiddyn y tri ond cariad ynddo ei

1 Joan 4. 8. *hun, heb gafhau nêb. Ond yn yr ewyllys gweithgar hwnnw mae'r yfgogiad yn tewŷchu y peth fydd ynddo, ac yn gadel heibio (fel pren ei ddail, neu ddŷn ei boeryn) y peth nad yw vn ag yfbryd y galon. Wele, nid yw'r cigfrain yn adnabod tarawiad y tant ymma yn y delyn nefol. Ond deall di* (O Eryr) *ac fe a ddeall y colomennod hyn fwyfwy. Canys fel dymma wreiddyn y matter, a ffynnon pôb peth. Dymma fôn derwen yr holl fŷd gweledig hwn : Dymma y cynhyrfiad tragwyddol fydd yn achofi pôb fymmudiad ymyfg yr holl greaduriaid. Ond nid yw'r adar ar ganghennau'r pren yn meddwl pa fodd y mae'r gwreiddyn yn cynnal ei naturiaeth, a nhwythau ynddi. Yr ewyllys cyntaf yw gwreiddyn pôb vn (fel y mae'r wreichionen yn dyfod o'r garreg) ac mae efe ei hun yn ymgyrchu yn waftad*

Mat. 3. 17. *i fonwes y mâb, ac yn ymlonyddu yno yn y cariad; Ond mae llawer o'r gwreichion heb fynnu ymoeri felly, Ond yn ehedeg gyda Luciffer yn erbyn y goleuni a'r tawelwch tragwyddol, ac yn aros yn yr yfcogiad tanllyd, heb gael efmwythdra byth, eifiau dyfod iw geifio allan o'i naturiaeth ei hunain. Mae gallu yn yr ewyllys i yfgog, ond nid oes mor ewyllys gyda gallu i ddychwelyd (fel y dywad y gigfran o'r blaen ran o'r gwîr). Am hynny mae llawer yn i gwrthod ei hunain, ac yn achwyn ar* Noah. *Ac er bôd ei fonwes ef yn i*

Arwydd i *annerch* y *cymru.*

chwennych, mae ei monwes danllyd hwynt yn i dal yn ei teyrnas ei hunain. Ond (O Eryr) *os cofi di ofyn ymhellach am hyn, pan fôm ni wrthym ein hunain yn y diſtawrwydd, mi ddangoſaf yn helaethach wreiddyn pôb dirgelwch.* Ond *yr awron dôs ymlaen i chwedleua ar gigfran.*

Eryr. Beth a ddywedi (o hên gigfran) wrth hyn i gyd?

Cigfran. Dwfn yr awron yw rhefwm y golomen. Ac mae'ch geiriau chwi weithiau agos a'm gorchfygu i. Ond (myn rhywbeth) ni byddaſi un o honochi byth. Er hynny, Rwi'n tybied be clywai y cigfrain eraill gymmaint ac a glywais i, nhwy ddoent i fôd o'r un grefydd a chwithau.

Eryr. Galw di arnynt i wrando arnom ni.

Cigfran. Pa wnaf (dybygwn i:) Galwed y fawl a fynno arnynt: Galw dy hunan os mynni.

Eryr. Wrth hynny nid wyti yn chwennych daioni i ti dy hun, nag i nêb arall?

Colomen. *Gad iddi* (O Eryr) *y rhai a achubir a elwir. Ac dymma newydd da i rai o'r cigfrain, ſef bôd gan* Noah *gelfyddyd ryfedd i droi cigfrain yn golomennod. Ac yn ddiammau fe ai gwna. Ac yno ni elwir mwy monynt yn gigfrain ymyſg adar. Mae efe yn gwneuthur y gwaethaf yn orau, ac yn gadel y blaenaf i fôd yn olaf.* Act. 9. 1, 2, 6, 11. Mat. 19. 30.

Eryr. Ond gâd i mi chwedleua ychydig a'r gigfran. Pa newydd fydd genniti o'r tû hwnt i'r môr?

Cigfran. Mae'r colomennod ymma yn hedeg

Arwydd i *annerch* y *cymru*.

ym mhôb teyrnas, ac arwydd drwg yw hynny na saif y brenhinoedd. Mae llawer o honynt hwy yn Holand, a rhai yn Frainc, ac ymbell un yn Hispaen, ac nid yw dda gennif i gweled nhwy ymhôb mann yn hedeg i'w ffenestri. Mae nhwy hefyd mor gyflym, nad oes un gwalch yn abl i'w dal nhwy.

Eryr. Ond beth y mae'r cigfrain eraill yn i ddywedyd yn y gwledydd rheini?

Cigfran. Mae'r hên rai yn gweled fôd trô mawr ar fŷd yn agos, a'r cigfrain ifaingc yn dwndrio ac yn cymmeryd ei pleser. Mi fûm yn Rhufain y dydd arall, ac yno mi welwn y Pâb yn crynnu yn ei gadair, mae hi yn llawn bryd i mi i edrych yn syngbylch.

Eryr. A ydyw efe ymmysg y crynwyr? Pam y mae efe yn crynnu?

Cigfran. Mae rhyw brophwydoliaethau yn i ddychrynnu ef. Ond mae efe yn danfon ar hŷd ac ar lêd i geisio cadw ei blâs i fynu, ac er hynny syrthio y mae: mae ganddo yn ei nŷth y cigfrain cyfrwysaf yn y bŷd, ac mae rhaio'r tywysogion (fel pilerau) yn ceisio i gynnal, ond mae y rhan fwyaf yn bwdr yn y gwreiddyn, ai gresydd yn drom ar ei hysctwyddau hwynt.

Eryr. A oes genniti ddim newydd am y Twrk, ac am yr Iddewon?

Cigfran. Des; mae'r Twrk yntau yn rhythu llygaid, ac mae nhwy yn ofni, mai'r Twrk sydd yr awron a fydd yr olaf. Mewn

Arwydd i *annerch* y *cymru*.

gwledydd eraill mae afonydd a llynniau yn troi yn waed, ac mae rhyfeddodau ofnadwy yn yr wybren, fel ped fai diwedd pôb peth yn agos. Beth a ddaw o honom ni pan lofcer y byd? Ond am yr Iddewon, mae nhwy yn edrych am feren forau, ac ar fedr codi etto bwchlaw'r holl frynniau, ac eiftedd ynghadair y byd. Ac rwi'n tybied fy hun y cânt hwy godiad rhyfedd.

Eryr. Pam yr wyti yn meddwl felly?

Cigfran. Am y caiff yr ifaf fôd yn uchaf, canys mae'r byd yn troi fel olwyn certwyn.

Eryr. A oes dim newydd o'r werddon ac o Scotland?

Cigfran. Nag oes ond bôd fŵn mawr yn ei mylg, a'r colomennod ar yr aden ymhôb mann etto. Ond mi ddywedais ormod o newydd i ti yn barod, a fiwrach a fuafai i mi dewi.

Eryr. Mae gennif ddiolch am dy newydd. Dôs rhagot. Gwŷch yw clywed beth a ddywetto pôb aderyn.

Cigfran. Nid oes ond hynny. Ond bôd pileru'r byd yn figlo, a'r tân, a'r Rhyferthwy ymhôb gwlâd o amgylch (oni bai hynny mi a gawfwn help rhyw rai yn lloegr cyn hyn). Ond os dywedaf wrthyr gyfrinach, fe a glyw'r golomen.

Eryr. Mi wrantaf y gŵyr hi fwy na hyn : ond a oes obaith o fŷd da yn dy dŷb di?

Cigfran. Mi ddywedais o'r blaen fy meddwl,

Arwydd i *annerch* y *cymru.*

nad oes ymhôb man ond y trechaf treisied, a'r gwannaf gwichied. Nid cyngwaith i yw ymresymmu fel hyn, ond dangos i ti mor felldigedig yw'r genhedlaeth ymma o golomennod sydd yn codi ei pigau, ac rwi'n tybied y dylit ti a nhwythau gwympo allan ai gilydd, a Dyna fy holl neges i. Mi ddywedwn air wrth y golomen (oni bai fôd yn scorn gennif) y dylai hithau edrych am ei bywyd, a sefyll ymhell oddiwrthit, ac nid wrth dy glûn di yn y modd yna. Eryr wyti, ac nid oes i'r adar mor ymgellwair a'th ewinedd llymion di.

Eryr. Mi wn i lawer o'm henafiaid ladd llawer o golomennod; ond nid wyfi ar fedr neidio cyn edrych, na phigo ni wn i pwy, nag am ba beth.

Cigfran. Ped fawn i yma gyda'th di lawer mis, mi fedrwn ddangos newydd bôb awr. Ond mae arnai chwant burgunnod, ac fe alle fôd rhyw rai yn llosgi fy nŷth i. Gâd i mi fyned bellach.

Eryr. Nage, nid ei di oddi yna nes dywedyd mwy o'th feddwl.

Cigfran. Beth a fynni di gyd a'm fi ond hynny?

Eryr. Oni buost di y dydd arall yn Llundain yn clustfeinio beth a glywit ti?

Cigfran. Do; Mae yn Llundain bôb mâth o adar, fel mewn coed tew (pôb aderyn a'i lais). Mae yno lawer o golomennod cyflym, ac hefyd o gigfrain duon, heb ddim newid

28

Arwydd i *annerch* y *cymru*.

lliw arnynt. Yr oeddynt yn sôn y llosgid Llundain; ond er maint y sôn, mae hi etto yn sefyll, sel y mae pethau eraill: llawer darogan a dwyllodd ddynion, ac er hynny nid ydym ni yn i alw yn ffals brophwyd. Canys nid ffals nêb a'n bodlono ni.

Eryr. Beth a ddyfcaift di yn Llundain?

Cigfran. Yr oeddwn i wrth sôd allan yn yr hêol yn clywed y dwndrwyr yn siarad, ond ni ddyfcais i fawr, am nad oedd refwm yn ei chwedlau: yr oeddynt hwy yn rhuo bwchben ei pottiau, sel sŵn tonnau'r môr, neu ddaiar-gŵn yn cyfarth: yr oedd trwst gwrageddu yn ymgennio yn ei mysg, a rhyferthwy fawr o eiriau, sel llif mewn afon, yr oedd gan bôb un ddwy glûst, ac un tafod, a hwnnw ei hun yn dywedyd mwy nag a glywfe y ddwy glûst, a mwy nag a welfe y ddau lygad. A phan welais i hwynt yn seler dywyll ei hynfydrwydd, mi aethym heibio iddynt yn llawen ei gweled felly. Ac ni wyddent hwy mwy nag anifeiliaid. A phed fai y dynion hyn yn cerdded ar ei pedwaraelod, a'r blew yn tyfu drwyddynt, ac heb sedru dywedyd dim mwy nag asyn Balaam, se dybygai ddynion rhefymol mai anifeiliaid direfwm ydynt, y rhai a wnaed iw dal, ac iw difetha.

Eryr. Mi wn fy hun, fôd llawer o lwynogod cyfrwys, ac o gathod gwylltion, ac o anifeiliaid peryglus rhyd y gwledydd, ac yn Llundain hefyd.

Arwydd i *annerch* y *cymru.*

Ond rwi'n gofyn i ti Beth yr oedd gwŷr doethion Llundain yn ei ddywedyd?

Cigfran. Yr oeddent hwy yn dywedyd yn isel. Ac er bôd gennif glust fel aderyn arall ni wyddwn i beth a ddywedent. Er i mi ddesgyn ar grîb, neu ar fargod y tŷ, ni chawn i glywed fawr.

Eryr. Ond beth yw'r ychydig a glywaifti?

Cigfran. Dwfn a dirgel yw cynghorion ftâd. Nid yw'r gwerin gwirion ymyfg yr adar yn deall monynt.

Eryr. Ond a wyti dy hun yn ei deall?

Cigfran. Nag ydwyf yn iawn. Nid oes chwaith nêb yn nheyrnas loegr, nag yn ninas Lundain yn ei ddeall ei hunan. Y peth a wnelont heddyw mae rhyw ysbryd yn ei ddad-wneuthur y foru. Ni wela i ddim yn dyfod i ben yn ôl meddyliau dynion, ond mae rhyw droell arall yn troi uwchlaw Synwyr pawb. Mae'r ûs yn ymgafglu, a chorwynt difymmwth yn i chwalu; Mae'r pryf copyn yn hîr yn gweu ei rwyd, a rhyw blantos yn yfcubo'r cwbl i lawr, a hynny mewn munud awr. Mae'r bobl (ar a wela i) mewn odyn galch, neu fel plant yn gwneuthur tai bâch ym mîn afon, a'r llifeiriant yn ddifymmwth yn codi, ac yn yfcubo'r cwbl. Mae rhyw nerth ym myfg dynion yr awron nad oedd o'r blaen. Mae rhyw ysbryd rhyfedd yn gweithio, er nad yw'r bobl yn gweled. Rwi'n dywedyd hyn

Arwydd i *annerch* y *cymru.*

wrthyt ti yn erbyn fy ewyllys, ac yn ol fynghydwybod.

Eryr. Pa fôdd y gelli di wneuthur felly?

Cigfran. Mae llawer yn dywedyd yn erbyn ei cydwybod, ac yn ôl ei hewyllys, a rhai yn llefaru yn erbyn ei hewyllys, ac yn ôl eu cydwybod; felly yr wyf finnau yr awron, er nad wyfi yn arfer hynny.

Eryr. Pa ymryson sydd rhwng y gydwybod a'r ewyllys?

Cigfran. Mae'r gydwybod yn llefaru, Di a ddylit wneuthur fel hyn, a'r ewyllys yn dywedyd mi fynnaf wneuthur hyn accw. Ond yr ydym ni yn rhy fynych yn dilyn ein hewyllys, ac yn gadel ein cydwybod.

Eryr. Ond beth (meddi di) yw'r Gydwybod.

Cigfran. Tyst oddifewn, Goleuni'r adar, Canwyll dynion, llais yn ein holrhain, Gwalch Noah, Scrifennydd buan, Cynghorwr dirgel, Cyfaill tragywyddol, Gwledd wastadol i rai, a phryf anfarwol mewn eraill. Ond nid da gennif chwedleua gormod am y gydwybod ymma.

Eryr. Pam hynny?

Cigfran. Am nad gwiw i mi geisio i dilyn. Ped fawn i yn dilyn fynghydwybod, mi geiswn fôd fel y golomen, ond ni allai aros hynny.

Eryr. Wele. Di ddywedaist ddigon, a gormod yn dy erbyn dy hunan. Mi welaf fôd y brain yn

Arwydd i *annerch y cymru.*

myned yn erbyn ei cydwybodau ei hunain, cyftal ac yn erbyn y colomennod.

Cigfran. A wyti ar fedr fy rhannu i ynof fy hun, a gofod fynghydwybod yn erbyn fy ewyllys?

Eryr. Rwyti felly yn barod (meddi di:) ond dywaid i mi pa'r vn ai dy gydwybod, ai dy ewyllys a beru hwyaf?

Cigfran. D'ch fynghydwybod: Canys nid wyfi'n barod yn cael mo'm hewyllys. Ac mae arnai ofn y cai lai o hono, pan goder i'm barnu.

Eryr. Fynghynghor i, fydde i ti edrych am y peth a barhatho yn hwyaf, a gochel y peth a dderfydd. Canys er melyfed fo ni thal ef ddim, oni pheru fo ond munud awr.

Cigfran. Bei gallwn i hynny, mae fy ewyllys yn i erbyn.

Eryr. Blîn yw dy gyflwr, a blîn wyt tithau yn dy gyflwr; ni allafi, ond fe all vn dy helpu. Er hynny, dywaid y gwîr, nid yw hynny ddim ar fai.

Cigfran. Bei dywedwn i yr holl wîr, Gwîr yw y dywedwn i lawer yn fy erbyn fy hunan.

Eryr. Gwyn ei fŷd ai gwnelo, ac a blycco i ddaioni. Di wyddoft mai gwell yw'r wialen a blycco, na'r hon a dorro o eifiau îrder a rhywiogrwydd. Mae cyfraith naturiaeth yn dyfcu dynion i fyned ar ôl ei goleuni ei hunain. Rhefwm a chydwybod yw dau lygad dyn naturiol, a'r dyn a dynno ei lygaid ei hun allan o'i enaid fe ddyle'r barnwr i gofpi, nid am nad yw fo yn mynd ar ôl

Arwydd i *annerch* y *cymru*.

opiniwn crefyddol y llywodraethwr, ond am i fôd
ef yn mynd yn erbyn ei refwm ei hun. Ac os
gwnei di yn erbyn dy oleuni, rwyti yn dy gosbi
dy hun oddifewn, ac yn peri i'r fwyddogion oddi-
allan dy gosbi hefyd.

Cigfran. Ni allai wrtho. Gwnewch a fyn=
noch, chwi yw'r Arglwyddi dros amfer gofod=
edig. Ond os daw fyth ar fy.llaw i, mi ai
talaf i'r colomennod.

Eryr. Drwg yw hynny. Gâd i vn ddial, ac na
fydd fel y mae llawer dyn ; fel tarw gwyllt mewn
rhwyd, neu gî cynddeiriog mewn cadwyn. Madd-
eu di i bawb, Canys mae Noah yn barod i faddeu
i ti os doi di yn ôl. Ond nid gwiw (medd rhai)
ganu i'r byddar, na rhoi cynghorion i'r cyndyn.
Rhaid yw cael gwialen i gefn y ffyliaid. Ond mi Dih. 26. 3.
dybygwn y dylit ti wybod pwy a'th wnaeth.

Cigfran. Nid wyfi yn ymofyn fawr am
hynny, ond mi wn i mi ddyfod allan o'r arch.
Ac ymma yr wyfi yr awron, pa le bynnag y
bwyf ar ôl hyn. Pwy a wŷr hynny.

Eryr. Di dy hunan a ddylit fynnu gwybod ;
canys hîr yw byth, Gwerthfawr yw dy fywyd ; fe
wnaed yr Arch i'th gadw di yn fyw. Na chym-
mer mo'th wenwyno gan y cigfrain eraill, na'th
dwyllo gan y farph gnawdol.

Cigfran. Fy nhwyllo meddi di. Os oes
nêb o honom yn twyllo ei gilydd, Myfi fydd
yn i twyllo nhwy, Canys myfi yw vn o'r rhai
hynaf yn y byd. Ond gâd i mi fyned o'r
diwedd. Pa hŷd y pery y burdwn ymma?

Eryr. Aros ychydig. Gorau canwyll pwyll.
Gorau fynwyr athrawiaeth. Gorau cyfrwyftra

Arwydd i *annerch* y *cymru*.

i ddyn i wadu ei hun. Gorau meddyg meddyg enaid. Gorau defod daioni, ac hefyd, Mae yn boffibl i'r gwaethaf ddyfcu bôd yn orau (fel y dywedodd y golomen o'r blaen). Onid wyti yn cofio y diharebion gynt. Ardd cyd bych, Ardd cyn ni bych. Deu-parth y gwaith yw dechrau: Ond na âd i'r nôs waethaf fôd yn ddiwaethaf. ni thawdd dlêd er ei haros. na chais elw o efceuluftra. Na chais fynd i'r nêf wrth fôd yn chwerw. Na chais fwrw coel ar dy gelwydd. Na chais ddim lle nis dylech. Gwae oferwr y cynhayaf. Oni heuir ni fedir, oni fedir ni fwytteir. Ceified Pawb ddŵfr iw long. Ac yr awron (ô hên gigfran) onid wyti yn cofio y diharebion hyn.

Cigfran. Aros dippyn. Mi welaf mai diharebwr wyti: Mi dygafwn ddarfod i chwi a'r colomennod anghofio diharebion y doethion, a'r henafiaid. Ond mi glywaf rai ar flaen eich tafodau, Mi henwaf finnau hênrai eraill. Lledled rydau waethwaeth ddeddfau. Na choll dy hên ffordd er y newydd. Y nefaf i'r eglwys pellaf oddiwrth y baradwys. Llawer têg drwg ei ddefnydd. Angel pen ffordd, diawl pen tân. Addaw mawr a rhodd fechan. Pen punt, a llofgwrn dimme. Da yw'r maen gyda'r efengil. Drych i bawb ei gymydog. Pôb cyffelyb a ymgais. Digrif gan bôb aderyn ei lais. Hawdd cynneu tân yn lle tanllwyth. Ac ni chêl drygtir ei egin. A drwg bn, drwg arall. Drwg pawb oi wybod. Mal y dyn y bydd ei lwdn. Natur yr hwch yn y porchell. Rhy= dynn a dyrr. Rhy vchel a Syrth. Gwnaed

Arwydd i *annerch* y *cymru*.

aelwyd ddiffydd yn ddiffaith. O chaiff yr afr fynd i'r eglwys, hi â i'r allor. Dymma rai o'r diharebion dyfcedig fydd yn rhedeg yn fy meddwl innau.

Eryr. Ni fedri di dy hunan ddeongli dy ddiharebion. Nid yw dy galon di yn deall mor peth y mae dy dafod di yn i ddywedyd. Mi fedrwn atteb i bôb dihareb ar a henwaift, ond mi a'th attebaf mewn hên ddiharebion eraill. Mae gwehilion i'r gwenith. Nid gwradwydd gwellhau. Ymryffon a'r ffôl, di a fyddi ffolach. Gwell tewi na drwg ddywedyd. Gwell pren na dyn cyhuddgar. Gwell cî da na dŷn drwg. Hwyr (er hynny) y gellir dyn o'r dyniawed dû. Ond dewis ai'r iau ai'r fwyall. Dyfg hyd angau, ac angau i'r fawl ni ddyfgo. Ni wyr ni ddyfg. Ni ddyfg ni wrendu. Ni wrendu ond y doeth tawedog. Camwrando a wna cam ddywedyd. A hîr y cnoir tammed chwerw. Er heddwch nag er rhyfel, gwenynen farw ni chafgl fêl. A'r mûd a ddywaid y gwir. A llawer o ddoethineb a fu gynt ymmyfg y Bruttaniaid.

Cigfran. Doeth y dywedaift. Ond beth yw'r Bruttaniaid mwy nag eraill?

Eryr. Os drwg, gwaethaf. Os da, ffyddlon. Dyma'r ynys a dderbyniodd yr efengil gyntaf yn amfer lles fâb Coel. Ymma (medd rhai) y ganwyd Helen, a'i mab Conftantin. Cymru medd eraill a ganfu America gyntaf. Bryttaniaid a Safafant hyd angau dros y ffydd gywir. Y nhwy y mae *Efay* yn i galw afcell y ddayar Efay 24. 16. (medd yr hên Ifraeliaid) ac o ynys Brydain yr à (medd llawer) allan, dân a chyfraith, a lluoedd drwy'r hollfyd.

Arwydd i *annerch* y *cymru.*

Cigfran. Och ffolineb yr Eryr yn hyn. Roeddití o'r blaen yn canlyn yn wŷch dy ddiharebion, Ond nid oes un o'r pregethwyr newyddion yn canlyn ei Dext. Mae nhwy fel gwiwerod yn neidio o'r naill gaingc i'r llall, Heb ŵr doeth yn ei mysg.

Eryr. Am hyn. Cofia di mai mynych y pregethodd Jachawdwr y bŷd ar y ddayar, weithiau ym mhen mynydd, weithiau mewn llong, weithiau mewn tŷ, ac weithiau mewn Synagog. Ond nid ydym ni yn darllain iddo gymmeryd erioed vn text o'r bibl, ond vnwaith allan o *Efay*. A thrwy na bo y rhain yn pregethu ond y gwîr, nid oes fatter am ddilyn llythyren vn text. Text pregethwr yw gwirionedd. Teftyn gŵr Duw yw'r holl fibl. Ac mae llyfr ymhôb dyn, er na fedr fawr i ddarllain. Ond na phregethed, ac na ddyweded nêb ond y peth y mae efe yn barod iw felio â'i waed.

Cigfran. Gâd iddo. Ni fonniai ond hynny am iddynt ganlyn ei Text. Ond mae nhwy'n dyfcu yn erbyn y gwirionedd. Ac mae vn peth a ddyle beri i'th gluftiau di fer-wino. Mae nhwy yn dywedyd yn hŷf fod y Drindod yn aros, ac yn cartrefu yn fylweddol ymhôb dyn da. Ac onid yw hyn vn o'r herefiau diniftriol, ni wn i beth fydd.

Eryr. Beth a ddywaid y Golomen. A wyti yn tybied fôd hyn felly.

Colomen. *Dymma vn o'r pethau dyfnaf. Dymma gwlwm caled, a drŵs wedi i gloi ai farrio oddi wrth*

Arwydd i *annerch* y *cymru*.

oefoedd. Ond fel dymma'r gwîr, Mae vn yfcrythur Eph. 4. 6.
lân yn dywedyd fôd y Tâd ynom ; a'r llall fôd y mâb, 2 Cor. 13. 5.
a'r drydydd fôd yr yfbryd glân ymhôb calon bûr, oleu, Rhuf. 8. 9.
ifel, nefol. Ac mae'r holl yfcrythurau ynghŷd yn
dangos (a minnau a feiddiaf ddywedyd) fôd y *Drindod*
dragwyddol ynom ni, ac yn ein gwneuthur ni yn dra-
gwyddol, ie hefyd oni bai fôd Duw drwy yfbrydoedd
eraill ni allent barhau byth. Ond er i fôd ef drwy-
ddynt ni chaiff ef ganddynt mor aros ynddynt. Ond
mae Trindod ddrygionus arall yn rheoli y bŷd.

Eryr. Pa beth yw Trindod y bŷd ymma?

*Colomen. Chwant y cnawd, Chwant y llygad, a
balchder y bywyd. Neu ewyllys creulon, a difyrrwch* 1 Joan 2. 16.
brwnt, a gallu drygionus.

Eryr. Beth a ddywaid y frân wrth hyn ?

Cigfran. Gâd hyn heibio. Nid wyfi yn
clywed yn iawn beth y mae hi yn i ddywedyd.
Ond hyn a wn i, nad ydynt hwy i gyd ond
y bobl gyfyngaf ei deall yn y bŷd. Rhyw vn
gaingc fydd yn eu pennau, ond nid oes moi
calonnau hwy yn helaeth.

Eryr. Beth er hynny? Os ydynt hwy yn
deall yr vn peth anghenrheidiol tragwyddol, nid Luk. 10. 42.
oes ormod matter er i bôd nhwy megis ffyliaid
ynghylch y matterion a lofcir ar fyrder gyda'r
bŷd. Ond Dyfced pôb aderyn y gaingc fydd iw
chanu fyth yn y bŷd arall, pan fo'r bŷd, a'r cyf-
rwyftra, a fŵn pôb hwfmonaeth wedi paffio byth.

Cigfran. Mi welaf, dy fôd ti yn dioddef
iddynt ddywedyd fôd y drindod ynddynt.

Eryr. Atteb di O Golomen. Pa fodd y mae
hyn ? Ai trwy ysbrydoliaeth neu fylwedd?

37

Arwydd i *annerch* y *cymru*.

Colomen. *O* Eryr *Deall, mai fylwedd yw pôb yfbryd, ac nad yw'r bŷd a welir ond cyfcod o'r bŷd nis gwelir, yr hwn fydd drwy'r bŷd ymma: ac nid yw'r corph ond cyfgod, ac megis march lliain yr ysbryd, neu wain i'r enaid a bery byth.* Ond mae'r Drindod yn aros ynom yr un fath ag y mae'r mŵn aur yn y ddayar, neu ŵr yn ei dŷ, neu blentyn yn y grôth, neu dân mewn ffwrn, neu'r môr mewn ffynnon, neu fel y mae'r enaid yn y llygad y mae'r Drindod yn y Duwiol. *Am hynny mae'r hên ddihareb yn cynghori, na chais ymweled a'r drindod onis ceifi yn yr vndod. A gwirionedd yw mai ymha le bynnag, (ymmhwy bynnag,) y bo goleuni, a chariad, a heddwch, a phurdeb ac vndeb, a nerth nefol, yno y mae'r tri yn vn yn aros.*

2 Cor. 4. 18.

Col. 1. 27.
Hebr. 3. 6.
Gal. 4. 19.

Eryr. Ni ddown at y pethau hyn etto. Chwedleuwn ychydig â'r gigfran, mi ai gwelaf hi yn anefmwyth, ac yn barod i ehedeg. Gwrando di, frân, ni fynnem bei allem dy ynnill di i ddychwelyd gyda ni i'r Arch.

Cigfran. 𝕭eth ſydd gennych i'm hynnill?

Eryr. Mi wn fi mai gwell gan Noah faddeu i vn a edifarhao na difa cant. Cofia Rahab o Jericho, a Saul o Tharfus, a'r lleidr ar y groes, a'r mâb afradlon.

Cigfran. 𝕲obeithio'r gorau oni bai obaith ſe a dorre'r galon. 𝕲obaith ni chywilyddia.

1 Joa. 3. 3.
Job 11. 20.

Colomen. *Y Sawl fydd ar iawn obaith ynddo, mae efe yn i buro ei hun: a'r gobaith ffals arall fydd, fel anadl dŷn yn marw, yn diangc ymmaith.*

Cigfran. 𝕺 𝕰ryr. 𝕯ymma 't golomen yn ceifio rhwyſtro i mi obeithio, ac os derfydd am fy ffydd am gobaith, ſe ddarfu am danaf finnau byth.

Arwydd i annerch y Cymru.

Eryr. Nid felly. Ond dangos y mae hi fôd gobaith rhai fel llaw wywedig, na all helpu pan fo rheittia, neu fel angor llong heb gael gafael yn y gwaelod.

Colomen. *I ynnill y frân yn ôl, mi allwn roi fy mywyd drosti. Ac rwi'n tyſtiolaethu fôd gogoniant yn* Luc. 2. 14. *yr vchelder, ac ewyllys da i ddynion. Fe fu yr Jachawdwr ar y ddaiar yn ynnill Publicanod mewn cariad, ac yn dioddef gloes angau dros ei elynion. A glywodd nêb erioed ſôn am y fâth gariad? ddarfod i vn dynnu ei galon o'i fonwes, a'i llâdd hi, a'i rhoi hi iw wrthwynebwſr iw bwytta, iw cadw nhwy yn fyw? Dymma fel y gwnaeth y Goruchaf i achub y dynion bryntaf rhag y gwae tragwyddol. Mawr yw, os gall dyn dynnu ei lygad ai roi i gadw yn llaw ei gyfaill. Ond ô beth a ddywedwn i am hŷd, a llêd, ac vwchder, a dyfnder cariad y nefoedd? Mae llawer yn gorchfygu cariad ei cymydogion drwy ei drygioni ei hunain. Ond mae hwn o'i ewyllys da yn talu holl ddlêd ei elyn a'i fywyd ei hun, ac yn i dynnu o'r carchar, ac yn i wiſgo yn nillad ei fâb ei hunan. Mae efe yn rhedeg ar ôl y rhai ſy'n diangc oddiwrtho, ac yn cuſanu y rhai ſydd yn poeri yn ei wyneb, ac yn cynnal yn gynnes y rhai ſydd yn ceiſio neidio o'i fonwes, ac yn cyd-ddwyn a'r rhai na erys wrtho. Fe ddaeth o'r nefoedd vchaf* Eph. 4. 9. *i'r bêdd iſaf, i godi y pechadur drewllyd o'r dommen ddaiarol i'r faingc nefol. Fe gymmerodd afael ar naturiaeth dyn, ac a adawodd angelion i fyned gyda'r dwfr. Ond mae vn peth yn rhwyſtro yr aderyn dû ymma i ddyfod adref er a ddyweder wrthi.*

Eryr. Beth a all hwnnw fôd?

Colomen. *Y peth gorau ar a fedd hi, Synwyr y bŷd, a doethineb y cnawd, a rheſwm naturiol yr hwn* Rhuf. 8. 7. *(fel ſarph dorchog) ſy'n chwythu allan wenwyn yn wyneb y gwirionedd, Dyſg lygredig ſydd raid i dad-*

Arwydd i *annerch* y *cymru.*

Act. 13. 10. ddyfgu, a'i dattod oll cyn cael cwlwm y gwîr ddifcyblion. lleidr o'r tu fewn yw fynwyr dyn, yn cloi drŵs pôb meddwl yn erbyn awel yr ysbryd glân. Dymma'r Achitophel a'r fuddas fy'n bradychu dyn i ddwylaw
Ier. 17. 9. diafol. Mae gan bôb dyn ddigon o gyfrwyftra iw dwyllo ei hunan. Dymma fwa Luciffer a Gelyn Noah, Mam rhyfeloedd, Mammaeth oferedd, Plentyn vffern, Diana'r bŷd, Caftell y pechod, Mŵg y pwll, Dadleuwr dros ddrygioni, a ffynnon pôb aflwydd ar anifail mawr. Canys doethineb y byd, Rhefwm dyn, cyfrwyftra'r henddyn, yw'r cilwg dirgel, blodeuyn y cnawd, Cares anghrediniaeth, a gwaed pwdr. Dymma deyrnwialen Beelzebub, Dymma ffals ddrych y ddaiar, Dymma eulyn Babel, a brenhines y nefoedd, a chwedl meddwl cnawdol, neu ddwys feddylfryd y galon, Gwadwr gwirionedd, Penfaer Anghrift, Afon dyn, llyw natur, a chertwyn yn dwyn dyn ar y goriwared.
Dat. 17. 5. Dymma fambuttain pôb crefydd faftardaidd. Am hon yr wyfi yn fôn cymaint, am iddi wneuthur cymmaint o ddrŵg yn y bŷd dan rith fynwyr a dealldwriaeth. Ac nid malis ond y cyfrwyftra diffaeth ymma fy'n llâdd y gigfran. Hwn yw'r gwynt fy'n troi melin yr ewyllys oddifewn.

Eryr. Beth yr wyti yn i ddywedyd yn erbyn doethineb. Mae arnai ofn dy fôd di yn amhwyllo.

Colomen. Geiriau fobrwydd yr wyfi yn i traethu. Nid magl i'r cyffylog yw fynwyr y cnawd, ond i'r aderyn doethaf dayarol. Y dynion naturiol gorau a gollir. Am hynny Gocheled pawb ei fynwyr ei hun. Ni fedr anifail hoyw ehedeg, ag nid yfbrydol yw'r naturiol, er gwyched fo yngolwg dynion. Mae llawer
1 Cor. 9. 27. o bregethwŷr yn anghymmeradwy ac yn golledig. Ei hathro yw fynwyr y cnawd. Maent yn fcrifennu eu pregethau, ond oni bai gyflog dynion, ni wnaent bwyth o waith, ac er hynny fel gweinidogion yr efengil y

Arwydd i *annerch* y *cymru.*

mynnent ei hanrhydeddu. Ac heb law y dyfcawdwyr deillion nid oes mewn tref na gwlâd ddyn llwyd llwm anllythrennog nad oes farph yn ei fonwes, a fynwyr y cnawd yn ei galon.

Eryr. Nid rhyfedd wrth hyn fôd llawer yn golledig os yw pôb dyn fel nythed o nadroedd yn llawn o feddyliau cnawdol. Ond beth a ddywaid y frân wrth hyn?

Cigfran. Dymma daro at y gwreiddyn. Os drŵg gynghorwr, drŵg ganlynwr. Os tywyll goleuni rhefwm mae'r holl gorph yn dywyll, a phôb gair ar a ddywedais i erioed yn ofer. Ond (om rhan i) rwi'n tybied fôd rhefwm ymhôb peth, ac mai rhefwm naturiol yw'r goleuni gorau. Dymma wreiddyn y pren a blannwyd yn ddwfn. Ddiwreiddied y golomen ef os gall.

Colomen. *Mi wn mai dymma Salomon y bŷd, ond mae ysbryd gwirion y golomen yn fwy na Salomon yn ei holl ogoniant ai ddoethineb. Ond i ddangos i ti ddoethineb ddayarol y frân. Ei fynwyr hi yw hyn. Dalied pawb ei eiddo, cippied pawb a allo. Safed pôb dŷn ar ei waelod ei hun. Na ddyweded mor gwîr mewn cariad, ond mewn creulondeb. Na ddringed vwchlaw rhefwm dŷn. Canlyned y bŷd ai arfer. Maged ei naturiaeth ai gnawd ai waed, a gwaried ei amfer mewn trythyllwch. Bwyttaed ac yfed a bydded lawen. Bodloned bawb er i fwyn ei hun. Bydded ganddo ddau wyneb yn barod, ai galon yn ddauddyblyg. Bydded gall drofto ei hunan. Onid e marw a wna. Ond dymma ffolineb y bŷd. Dymma ynfydrwydd pen agored, canys nid call y dyn ai ceifio ei hun. Y Sawl fydd a dau wyneb gantho, mae vn o'r ddau yn gythreulig: y nèb a wenhieithio ddynion*

Arwydd i *annerch* y *cymru.*

ſydd bwdr yn ei galon. Hawdd yw bwytta, yfed, a chwarae gormod, a dawnſio yn y cnawd ar ôl pibell yr yſbryd drŵg. Yſbryd y gwaed yw cwmmwl y meddwl. Arfer y bŷd yw'r porth llydan i ddeſtryw. A'r Sawl na ddringo vwch ei law ei hun, ni eiſtedd fyth yn y nefoedd. Mae'r dyn difyr chwerthinog allan o'i gôf ei hun, ac o'r tu fewn i gôf y ſarph. Amſer dyn yw ei gynnyſcaeth, a gwae ai gwario yn ofer. Rhaid yw doſi yſbryd y cnawd, a magu bywyd yſbryd yr vchaf. Boddi a wna'r dyn na nofia yn erbyn ffrŵd y wlâd. Y rheſwm vchaf yw'r afreſwm iſaf. Ni ſaif nêb ond vn arno ei hun. Nid eiddo nêb ei hunan. Cadwed pawb ei galon at Dduw. Adrodded pôb vn ei gydwybod yn ddoeth. Cladded dŷn ei reſwm ei hun. Ond dymma iaith nad oes nemmor yn ei deall. Nag ofned nêb arall cymmaint ac ef ei hun. Oni fedri roi taw ar eraill, diſtawa dy hun. Pan fo mwyaf ſŵn yn y bŷd bydded lleiaf yn dy galon. Nag ofna ddiafol, na châr y pechod, ac na chynnwys dy hun. Na ddalied yſbryd y creadur di, ond nofia i yſbryd y creawdr. Cyfrif y da o'th flaen yn berl, a'th waith o'th ôl yn dom. Melys i'r cnawd yw ſiwgwr diafol, ond bwytta di y manna dirgel. Mochyn yw Luciffer yn ymdreiglo ynghnawd dyn. Crochan hwn yw calon fudr yn berwi ar dân vffern. Gwŷniau'r cnawd ŷnt feirch o ryfel; deſcyn oddi arnynt, ac nag oeda. Perthen o ddrain yw rheſymmau dŷn, ai gwado ei hun a ddiangc o honi. Portha dy chwant, ac fe a'th lâdd. Llei mae dynion mae angelton, llei mae angelion y bydd dynion. Y Sawl ſy'n byw ynddo ei hun ſy'n byw allan o fonwes y tâd. Oni elli achub eraill, diangc dy hun oddiwrthit di hun. Gwell yw adnabod y galon yn y bŷd ymma, nai bôd hi yn adnabod digofaint byth. Pa fodd y gelli fôd yn llonydd oni byddi ar y graig? Nid gwaeth beth a ddywedo ffyliaid, nid ei gair nhwy y ſaif.

Eryr. O Golomen. Dymma ddiharebion newydd-

Arwydd i *annerch y cymru.*

ion. Yr oedditi gynne yn fôn am ynnill y frân, ond fe alle fôd hyn yn i gwylltio hi ymhellach.

Colomen. *Ni ellir wrth hynny. Oni ynnill y gwir hi, nid oes dim ai hynnill. Llawer sy'n croeni briw pwdr, ond fe a dyr allan gwedi. Mae llyngêr ymmonwesau dynion, onis lleddir, hwy a laddant.*

Eryr. Helpa'r frân, fel y gallo hi ŵybod hyn ynddi ei hun.

Colomen. *Nid wyfi yn gwthio ar arall y peth yr wyfi yn ei ganfod. Oni bydd tŷst oddi fewn nid yw rhesymau genau ond rhaffau gwêllt. Er hynny mae rhyw dorriad anrhaethadwy yn fynghalon i wrth feddwl am golledigaeth dyn, ac wrth edrych arno yn ddall, yn fûd, yn fyddar, yn dlawd, yn noeth, yn glwyfus, yn* Dat. 3. 17. *glôff, yn glâf, ie yn farw. och och a dyfna och yw tewi.*

Eryr. Onid oes help i'r frân er hyn i gyd?

Colomen. *O na wele hi y goleuni mewn cariad! Ond mae ef etto yn guddiedig oddiwrthi. Er hynny* Luk. 19. 42. *mae golwg i'r dall, a iechyd i'r difeddyginiaethol.* Jer. 30. 15, 17. *Mae'r porth cyfyng etto heb i gau, ac mae yn bossibl myned i mewn. Dymma'r amser. Dymma'r dydd. Mae fe yn passio fel breuddwyd nôs, neu saeth o'r llinyn, a phan dorrer llinyn y bywyd ni ellir moi glymmu eilwaith byth.*

Eryr. Ond beth os pechodd hi y pechod na faddeuir mono yn y byd ymma, nag yn y byd a ddaw?

Colomen. *Nid oes nêb yn pechu felly, ond y rhai maleisus sydd yn rhyfela yn erbyn ei goleuni ei hun, ac* Iob 24. 13. *yn ffieiddio daioni mewn eraill, ac yn gwybod mai daioni yw, ac hefyd yn parhau fel hyn yn gynddeiriog* Heb. 10. 27, 29. *hyd ddiwedd ei heinioes. Am hynny Rwi'n rhybuddio pawb, ac yn gweiddi ar bawb. Na thybygwch fôd drŵs y drugaredd wedi ei gau yn eich erbyn tra fo*

Arwydd i *annerch* y *cymru*.

anadl ynoch, ac ewyllys i ddychwelyd. *Ond yr ydych etto yn dilyn y cnawd, yn canu carolau i gyffroi eich chwantau, yn darllain llyfrau bydron anllad, ac yn gwenwyno y gwreiddyn púr, yn dilyn tafarnau, a thablerau, a llwon, a melldith, a gwawd, a gwatwar, yn caru chwarwyddfa diafol (fel eidionnau vffern) yn dibrifio'r tlawd, yn byw yn hoyw, yn nhommen maſ-weidd-dra, yn gwatwar ſobrwydd, ac yn y tân dû anweledig, yngwely'r buttain, mewn gwleddau a glothineb, mewn meddwdod, a chwerthin, mewn cydorwedd a chywilydd, mewn cenfigen ac anfodlon-rwydd, mewn rhyfig a chyfrwyſtra, mewn gwae a gwaelod erchyll. Deffro. Cyfod. Mae etto i ti groeſo, Mae gwledd nefol yn aros am danat. Mae bara ddigon yn nhŷ dy dâd. Pa ham y byddwch feirw (o blant dynion?) Pa ham y collwch chwi eich eneidiau yn yr o'ch tragywyddol?*

Eryr. Yr ydym ni yn gwrando ar hyn i gyd, ac nid yw hyn ond fŵn geiriau ynghluſtiau llawer.

Colomen. *Sŵn yw hwn a berŷ byth, fel twrwf taranau tragwyddol mewn llawer cydwybod ſydd yr awron yn gwrando ar y pethau hyn yn ddifyr, ai calonnau yn eſmwyth, ac yn chwerthinog. fe gyfyd hyn yn eich erbyn ddydd a ddaw. Chwi wrandawyr diofal. Rhaid oedd i mi i ddywedyd er i hyn fôd yn dŷſt yn eich erbyn. A phwy bynnag wyti ſydd a'r pethau hyn gennit yn dy law, neu yn dy glûſt, Rwi yn rhoi Siars arnati erbyn y dydd mawr ſydd yn agos, ar i ti ddangos, a danfon y pethau hyn ar hŷd, ac ar lêd ymyſg y cymru a'th holl gymydogion, ac na chuddia, na chela (dan dy berigl) mo hyn oddiwrth eraill.*

Cigfran. Ha. Nid yw hyn i gyd ond bygyth-ion a breuddwyd y golomen. Ni a ſyddwn

Arwydd i *annerch* y *cymru.*

llawen tra fôm. Ac ymmaith a'r meddyliau ymma i ſwrdd allan o'r meddwl.

Colomen. *Nhwy a ddeuant i mewn eilwaith, er i ti wneuthur dy waethaf iw cadw allan. Nid ydis nês er anghofio'r gwir. Oni wrandewi di, fe a wrendu eraill, ac a edifarhant, ac fe ai cedwir hwynt, ac a'th loſgir di.*

Eryr. Gwrando (o Gigfran) Rhaid i mi o'r diwedd dy holi di yn ddwyſach. Pam na ddoi yn ôl at dy Arglwydd?

Cigfran. Mi welaf dy fôd ti yn fy erbyn i yn hollawl, ond cymmer Noah, a'i Arch rhyngoti a'r golomen. Minneu a wn p'le cai fy ſwpper. Mi glywaf ſawyr burgun= nod ar y ddaiar.

Eryr. Fe dderfydd y rheini o'r diwedd, ac yno fe dderfydd am danat tithau.

Cigfran. Nid oes fatter. Mi ai cymmeraf tra i caſtwyſ. Ffarwel i Noah, ac iw Arch, ac i tithau, ac i'th golomen. Ni ddoi attoch mwyach. Crawcc, Crawcc. Ymaith, ymaith. Ymhell ddigon.

Eryr. Wele, mae'r gigfran wedi hedeg a myned ymaith oddiwrthym ni yn ddigon pell. Ni gawn lonydd i ymddiddan wrthym ein hunain am y pethau a ddechreuaiſt. Mi welaf na ellir dywedyd pôb peth ymhôb cwmnhi, am nad yw'r pethau dyfnion ond damhegion i'r *bŷd* byddar. Rwi'n Mat. 12 35. gobeithio gan fôd y frân wedi ein gadel yr agori di i mi ddirgelwch dy deyrnas di.

Colomen. *Ni feiddiaf fi ddywedyd fyngeirau fy* Joan 5. 30. *hunan, ond oddiwrth vn, i ddangos y dwfn, ac ni*

Arwydd i *annerch y cymru.*

fedri di moi ddeall er i ddywedyd. Nid oes na dywedyd na gwrando yn iawn onis gwneir yn ysbryd y
Joan 16. 14. *Goruchaf. Arno fo rwi'n edrych, ynddo fo rwi'n credu, y dengys ef i ddifcleirdeb. Am hynny dôs rhagot.*

Eryr. Pam mai deilien olewydd a ddygi di yn dy bîg, ac nid deilien oddiar bren arall?

Zach. 4. 12. Colomen. *Yr olew nefol a'r ennaint tragwyddol*
1 Joan 2.20, 27. *yw fynglybwr i: Rwi'n gadel dail mawr-dderw*
 Bafhan ar fy ôl. Canys nid y dail mwyaf oddiar rai
1 Cor. 1. 26. *vchaf y mae* Noah *yn i hoffi.*

Eryr. Pam yr wyti yn dyfod brydnhawn yn yr hwyr, ac nid yn y borau a'th newydd gennit?

 Colomen. *Am mai tua diwedd y bŷd y pregethir yr*
Dat. 14. 6. *efengil dragwyddol, yr hon a guddiwyd rhag oefoedd a*
1 Tim. 6. 15. *rhag Patrieirch a phrophwydi yn y dechreuad.*

Eryr. Roedd y gigfran (di glywaift) yn cyhuddo y golomen ddiwaethaf na ddaeth hi fyth at *Noah:*

 Colomen. *Gwir yw. Yr eglwys ddiwaethaf yw*
Dat. 3. Laodicea. *A gwir hefyd yw (fel y dywedaift di) nad rhaid wrth bregethwŷr wedi darfod dwfr diluw digofaint. A'r dyddiau diwaethaf yw'r dyddiau gorau*
2 Tim. 3. 1. *i rai, a gwaethaf i eraill. Canys ynddynt y bydd rhai gwell, a rhai gwaeth nag a fu o'i blaen hwynt erioed.*

Eryr. A wyddofti pa fodd y bydd dydd y farn?

 Colomen. *Nid diwrnod fydd o bedair awr ar hugain mwy na'r diluw. Ond fe ddaw i lofci y bŷd*
2 Pet. 3. 6, 7. *crin ymma fel y darfu golchi y bŷd brwnt o'r blaen.*

Eryr. A lofgir y nêf ar ddayar yn lludw ar y cyntaf yn nechreuad dydd y farn?

 Colomen. *Na wneir mwy nag y troes y diluw y bŷd yn ddim, Canys rhaid yw bôd adferiad (cyn bôd*

46

Arwydd i *annerch y cymru.*

diniſtriad) pôb beth. A rhaid i'r greadwriaeth gael Sabbaoth o orphwyſdra cyſtal a dŷn, a hyn y mae'r holl brophwydi er dechreuad y bŷd yn ſôn am Act. 3. 21. *dano, a hyn y mae pôb creadur yn ochneidio ar i ôl.* Rhuf. 8. 19, 22

Eryr. Pa arwyddion a fydd cyn dechrau dydd y farn?

Colomen. Fe ddigwydd rhagarwyddion y dwfr diluw. Fe fydd y bŷd yn llawn bryntni cnawdol, a Mat. 24. 37, 38, *ffôlineb naturiol, a chammau aneſgorol. Pawb yn* 39. *erthwch dan ei faich, a llawer yn dilyn trindod y bŷd tywyll ymma.*

Eryr. Oni loſcir ar y cyntaf yr holl anifeiliaid.

Colomen. Na wneir mwy nag yn y diluw y bodd-wyd. Ac ychydig ddynion a achubir. Ie ni achubir nêb i gyd am fod cnawd iw loſgi gan bawb, Pan 1 Cor. 3. *oleuo'r dydd y ceir gweled hyn yn eglurach, a deall yn well pa fath ddiwrnod fydd dydd y farn olaf. Gwell yw ſelio y genau na dywedyd geiriau ofer iw lloſci, neu iw llyngcu; os disgwili am y diwrnod yn iawn, di gei i weled yn ei wawr.*

Eryr. Ond pa fodd yr achubir y gweddillion o'r dynion?

Colomen. Wrth i codi i'r awyr vwchlaw'r tân (fel Noah *i'r Arch vwchlaw'r dwfr) ſef wrth i* 1 Theſ. 4. 14, *hadgyfodi a'i heſcyn oddiwrth yr ysbrydoedd meirw i* 17. *gyfarfod a'r Arglwydd.*

Eryr. A ymladd dynion ar ôl gweled y tân cyntaf?

Colomen. Ymladd a Duw (mewn meddwl) a wna'r colledig byth, Buan yr anghofiwyd y diluw, ac yr aethont i adeiladu Babel, ac i foelyſtotta ar ôl Gen. 11. Nimrod. *Ac er bôd angelion Duw yn nhŷ* Lott, *fe fynnai gwŷr* Sodom *(bes gallaſent) i mochi. Da yw* Gen. 19.

Arwydd i annerch y cymru.

côf Duw yr hwn sy'n yn canfod, ac yn cynnwys pôb peth ar vnwaith hyd y diwedd, a thu hwnt i'r diwedd.

Pſal. 106. 13.
Dat. 20. 7, 8.

Ond drwg yw côf dyn yr hwn mewn munud awr sydd wedi gwerthu mawr waith Duw, allan o'i law ai goffadwriaeth ei hunan.

Eryr. Ond, a wyddost ti Pa brŷd y dechrau dydd y farn?

Dat. 6 & 16.

Colomen. Nid yw Noah yn rhoi cennad i weled yr awr a'r dydd dan y chweched sêl. Ond o ddechreuad y bŷd hyd y diluw yr oedd mil a chwechant ac vn mlynedd, ar bymtheg a deugain: felly mi a'th gynghoraf (O Eryr) *i ddifgwil canys mae fo yn agos. Mae Sion yn efcor hefyd yn ei mynydd, a'r droell fawr ddiwaethaf wedi dechrau troi, yn barod yn y bŷd.*

Eryr. Beth a ddaw ar ôl y tân cyntaf?

Gen. 9.
Heb. 2.
Eſai 11. 9.

Colomen. Fel ar ôl y dwfr diluw yn gyntaf fe wnaed cyfammod arall a'r holl greaduriaid, yn ail fe roed cyfraith newydd i warafun tywallt gwaed, yn drydydd fe wifcwyd dyn a mawrhydri, ag arglwyddiaeth i ddechrau bŷd newydd. Mi ddangoſwn i ti (O Eryr) *lawer mwy yn hyn, ond dymma ddigon i'r call dros yr awron.*

Eryr. Ond. Pam yr wyti yn dywedyd mai cyffelybiaeth o Dduw oedd Noah.

Gen. 6.

Colomen. Vn yw ef yn ymgenhedlu yn dri. Efe yn vnig oedd berffaith, a'r holl fyd yn ymdrolio mewn celwydd, ac oi gariad at ei blant yn bennaf, ac at bawb, fe baratôdd Arch i gadw cynnifer ac a ddoent iddi, a'r rhai a appwyntiwyd a ddaethant i mewn, ac a gadwyd.

Joan 3. 16.
Act. 13. 48.

Eryr. Ond er hynny Gŵr pechadurus oedd Noah. Pa fôdd y gallei efe fôd yn arwydd o'r hwn sydd ddibechod?

Arwydd i *annerch* y *cymru*.

Colomen. *Fel yr oedd* Salomon *yn arwydd o'r mâb. Nid yn ei bechod yr oedd efe yn arwydd, ond yn* Pfal. 45. *ei berffeiddrwydd.*

Eryr. Tri yn vn (meddi di) oedd ef. Ond a oes dim drwg yn dyfod oddiwrth y rheolwr cyntaf fel oddiwrth *Noah*?

Colomen. *Nag oes. Nid oes (fel y dywedais i o'r blaen) ond cariad a goleuni ynddo. Er bôd digter ac* 1 Joan 1. 5. *arglwyddiaeth gydag ef pa le bynnag y mae. Ac y* Efay 27. 4. *mae ef ymmhôb man yn llenwi'r nefoedd a'r ddayar.* Job 25. 1, 2. *Gochel feddwl fôd dim drwg ynddo, er i fôd efe yn hîr* Rhuf. 11. 36. *yn cyd-ddwyn ar drygioni fydd yn y bŷd.* O Eryr *deall hyn. Canys Dymma wreiddyn ymranniad holl ganghennau gwybodaeth a naturiaeth. Canys y naturiaeth dragwyddol yw ffynnon y naturiaeth amferol. Di wyddoft nad yw'r gair da ynddo i hunan yn ddrwg, a ddêl allan o enau vn a meddwl da, ond er cynted y dyweder ef, mae'r glûft ddrwg yn ei ŵyro. Felly mae yfbryd y bŷd wedi cippio a chammu enaid dyn, er iddo ddyfod yn bûr ac yn berffaith allan o'r vn daionus.*

Eryr. Oni anwyd pôb peth allan o hono ef cyftal a dyn?

Colomen. *Na ddo. Ond y Gair (yr hwn oedd yn* Gen. 1. 9, 20, 24. *y dechreuad) a barodd i'r ddaiar efcor ar anifeiliaid, ac i'r môr ddwyn allan byfcod, ac i naturiaeth ddwyn allan bôb peth ar a oedd ynddi, ar ôl ei ryw ei hun. Ond pan aeth ef i wneuthur dyn, ni pharodd ef i ddim ar a greafid mor efcor. Ond, efe i hunan a ddywedodd, Gwnawn ddyn ar ein llûn an delw ein* Gen. 1. 26. *hun. Am hynny mae enaid dyn wedi dyfod o'r anfarwoldeb, ac yn myned i'r tragywyddoldeb.*

Eryr. Ond pa fodd y daeth yr Adar, a'r pyfcod,

Arwydd i annerch y cymru.

a'r anifeiliaid, a'r dynion i ymladd, ac i ymrafaelio ai gilydd, na fedr nêb gytuno yn yr vn bŷd?

Colomen. *Fy Arglwydd* Eryr. *Nid oedd a'r y cyntaf ond vn natur yn Adda, ond hi a ymrannodd yn bedair caingc : nid oedd chwaith vnwaith ond vn iaith, ond hi a dyfodd yn y ddayar yn dafodau lawer. Nid oedd ond vn grefydd gynt, ond hi a rwyſtrwyd, ac a aeth yn opiniwnau lawer i amryw Dduwiau, Ac am fôd Duwiau lawer mae rhyfel ymmhyrth yr holl greaduriaid, Ac ni allant gytuno ai gilydd nes iddynt gymmodi yn gyntaf a'r hwn ai gwnaeth, a dychwelyd at* Noah *i'r Arch gyntaf.*

Gen. 11. 1.

Eſay 11.

Eryr. Ond pa beth yw'r Arch (meddi di) yn y dirgelwch?

Colomen. *Immanuel. Yr Achubwr. Yn yr arch ymma yr oedd tair cell (ſef Swm pôb naturiaeth ;) fel y mae ysbryd, ac enaid a chorph. Ymma yr oedd llettŷ i bôb creadur o bôb rhyw, canys y cyntafanedig o bôb creadur yw, Oni bai iddo ymadeiladu ynghnawd dyn, a dioddef diluw digofaint, ni buaſe vn cnawd cadwedig, na dyn nag anifail yn cael ei anadl dros awr. Allan o Arch y wirionedd ymma y mae'r holl adar drwg yn ehedeg, fel y cwympodd yr angelion gynt i'r môr mawr, (ſef ysbryd naturiaeth) i ymborthi ar y burgunnod meirw y rhai yw eneidieu pechaduriaid truain.*

Col. 1.

Eryr. Pa beth yw'r drws a egorwyd yn yſtlys yr Arch?

Colomen. *Y briw ynghalon yr Oen ar y groes, o'r hwn y daeth allan ddwfr a gwaed, i lonni ac i lanhau dyn, ac mae'r briw hwnnw etto yn agored i'r dynion bryntaf.*

Joan 19. 34.

Eryr. Ond yn yr Arch yr oedd caſglfa o ymborth i gadw yn fyw bôb anifail.

Arwydd i *annerch* y *cymru*.

Colomen. *Felly y mae yn* Immanuel, *nid yn vnig ymborth i bechaduriaid, ac i Seinctiau, ond hefyd i'r angelion nefol, ie mae ynddo ef fwyd i fywyd yr holl greaduriaid,* Oni bai hynny, ni byddai vn byw. Canys ynddo ef medd Paul *y mae pôb peth yn cydym-* Coloff. 1. 17. *gynnal fel yr oedd pôb byw yn yr Arch.*

Eryr. Pa fodd y mae bôd yn gadwedig drwyddo ef?

Colomen. *Wrth adgyfodi gydag ef, vwchlaw tonnau chwantau a rhefymmau y cnawd.*

Eryr. Ond mae llawer yn dywedyd mai trwy fedydd y mae i ddyn fôd yn gadwedig. Ac mae llawer o sôn yr awron am y bedydd.

Colomen. *Mae bedydd adfyd (hwnnw yw erlidigaeth) mae hefyd fedydd dyfrllyd, hwnnw yw bedydd y bedyddiwr gynt, (yr hwn a baffiodd fel y feren forau). Gyd a hynny mae bedydd tanllŷd ysbryd y gwrthiau, Ond bedydd Christ yw'r vn bedydd mawr, a hwnnw* Eph. 4. 5. *yw'r dwfr nefol yn yr ailenedigaeth. Heb hwn gwae ddyn. Arwydd o hwn oedd yr Arch yn y dwfr* 1 Pet. 3. 21. *diluw. Ac fel yr oedd rhan o honi vwchlaw'r dwfr a rhan îs i law, felly fe ddioddefodd y Meffiah yn y* 1 Pet. 3. 18. *cnawd, ac fe a gyfiawnhawyd yn yr ysbryd, a'i hiliogaeth ynddo. Ac fel y codwyd yr Arch vwchlaw brynniau, a'r anifeiliaid a'r dynion colledig, felly y mae'r Seinctiau ar y ddayar yn eiftedd ym mharadwys yn y nefolion. Fel yr oedd yr Ephefiaid ysbrydol.* Ephef. 2. 6.

Eryr. Ond dywaid i mi pa fodd y goftegodd Gwynt y dwfr diluw, Canys mae gwynt fynychaf yn codi tonnau.

Colomen. *Gwaith oedd hwn yn erbyn rhefwm llawer: Ac am hynny, na roed nêb le i'r meddyliau dûon, Canys pan ddelo ysbryd y nêf i mewn, efe a oftega (drwy o twng) y dwfr diluw fydd yn dy galon di, ac*

Arwydd i annerch y cymru.

yno di gei weled pennau y brynniau, a'r meddyliau tragwyddol cariadus yn ymddangos o'r tu fewn. Gwîr
Gen. 8. 1. *yw i'r gwynt lonyddu'r dwfr, ac i'r clai a'r poeryn roi*
Joan 9. 6. *golwg i'r dall, ac i* Isaac *farw genhedlu miloedd, ac i'r*
Heb. 11. 12. *Oen o'r bêdd ffrwythloni drwy'r bŷd. Mae'r Gor-*
Joan 12. 24. *uchaf yn galw y goleuni allan o'r tywyllwch, yn troi*
Amos 5. 8. *cyscod angau yn foreuddydd, yn peri i ganol nôs fôd sel canol dydd, yn diwreiddio dyn allan o hono ei hun iw blannu byth, yn gwneuthur y gwenwyn cryfaf yn ymborth diogelaf, yn dwyn vwchder o'r dyfnder, a dyfnder i'r vwchder, yn cadw y colledig, ac yn colli y rhith gadwedig. Mae efe yn gweithio tu hwnt i feddyliau dynion, ac vwchlaw doethineb angelion,*
Esay 30. 28. *Gogr yw cwrs natur yn ei law ef, a gwych ganddo wneuthur gwrthiau.*

Eryr. O Golomen dirion. Mi welaf fôd *Noah* wedi caniadhau i ti wybod mwy na myfi, er bôd fy llygaid i wrth Naturiaeth, yn cyrhaedd hefyd, Ac
1 Cor. 3. 18. am hynny y sawl a fynno fôd yn sicr o'i iechydwriaeth bydded fel baban bâch, allan o hono ei hun, yn barod i ddyscu y llythrennau cyntaf. Canys y rhai y mae Duw yn i dyfgu, ac yn i danfon; mae nhwy yn ehedeg dros bôb peth, ac yn deall naturiaethau. Ac am hynny yr wyfi yn gofyn i ti. A ydiw'r dwfr dros yr holl fŷd? Oni welaisti na choed, na chawr, na chastell, na chraig ai pennau vwchlaw'r dwfr?

Colomen. *Na ddo vn, ymhedair rhan y bŷd. Canys rhaid yw boddi pôb cnawd, ac nid oes dim a*
Act. 4. 12. *all achub dyn ond yr Arch a wnaeth Noah, sef yr Iesu a'r Immanuel Duw gyda ni yn ein cnawd.*

Eryr. Beth yw hynny? a ydyw efe yn ein cnawd ni.

Colomen. *Ydiw os ydym ni yn ei ysbryd ef.*

Arwydd i *annerch* y *cymru.*

*Oblegid mae'r ewyllys yn y gair, a'r gair yn y nerth,
a'r nerth, a'r gair a'r ewyllys nefol (fel y dywedais o'r
blaen) yn aros ynghalon pôb dyn a'r a gedwir.*   Rhuf. 10. 8.

Eryr. Ond nid oes fawr yn meddwl am hyn.

*Colomen. Ped faent yn gwybod pwy fy'n aros
ynddynt ni chae chwant a phechod mor dyfod i mewn* 1 Cor. 6. 19.
i blâs y galon, llei mae'r boneddigion nefol yn fwpperu.

Eryr. Ond pwy fy'n aros yn y rhai drŵg?

*Colomen. Ysbryd anufudd-dod (Diafol a Luciffer)
yn cadw llŷs agored i'r holl chwantau drŵg, a neuâdd* Eph. 2. 2.
*gauad yn erbyn daioni ymhôb meddwl tywyll. Ac fel
y mae pôb calon fudr yn grochan i'r cythrel ar dân* Jac. 3. 6.
vffern felly mae efe yn ofalus i gadw tânwydd dano.

Eryr. Oni ŵyr y pechadur pwy fydd yn aros
ynddo?

Colomen. Na ŵyr mwy nag y mae'r muriau Pfal. 14. 1, 3.
*meirwon yn adnabod y trigianydd. Canys ni fyn dyn
weled y carnlladron o bechodau fydd yn llechu ynddo,* Pfal. 82. 5.
*fel y gweli di'r genegoegion, a'r pryfed mewn pwll
drewllyd.*

Eryr. Gâd hyn heibio yr awron. O ba le y
daeth yr holl ddwfr i foddi yr holl fŷd?

*Colomen. Allan o dryforau y goruchaf. Efe a
rwygodd y dyfnder mawr ynghalon y greadwriaeth* Gen. 7. 11.
*oddi tanodd, ac a egorodd ffeneftri element y dwfr
oddiarnodd; a rhwng y ddau ddwfr yn vn fe orch-
fygwyd pôb cnawd er dewred oedd. Ac ar ddydd y farn
olaf fe ddaw tân ysbrydol, a thân naturiol i farnu ac* 1 Cor. 3.
i brofi'r bŷd oddiwrth y Goruchaf, yr hwn fydd ganddo 2 Theff. 1. 8.
yn ei dryfordŷ y tân, a'r gwres, a'r gwynt, a'r glaw, Job 38. 25, 26.
a'r ôd, a'r rhew. Ac ni all vn cnawd aros na'i wres, Pfal. 147. 17.
na'i oerni ef. Ac fel y gwnaed Corph dyn o bedwar Efay 33. 14.

Arwydd i *annerch* y *cymru.*

defnydd (sef tân, awyr, dwfr, a dayar) felly ni all vn corph cnawdol spario yr vn o'r pedwar, na byw ar awyr heb ffrwyth y ddaiar, nag yn y gwrês heb ddwfr, nag yn y dwfr heb y tri eraill: Am hynny fe foddwyd pôb peth a'r yr oedd anadl y bywyd ynddo, ac fe ddygwyd ysbryd pôb cnawd nad oedd yn yr Arch dan gaethiwed y dwfr.

Eryr. Pam y deuai y dwfr ymma i foddi dynion druain heb roi rhybudd i fôd yn dyfod fel y gallent i ochel?

2 Pet. 2. 5.

Colomen. *Nhwy gawsant rybydd i gyd gan Noah (pregethwr cyfiawnder:) ond roedd yr holl fŷd yn chwerthin am ei ben ef, er bôd pôb dyrnod morthwyc yn bregeth yn galw a'r y bŷd cyndyn i'r Arch.*

Eryr. Pa hŷd y parhaodd ei chwerthiniad hwynt?

Iob 22. 16.

Colomen. *Nes gweled o honynt ffynnonau y dyfnder mawr wedi i torri, a ffenestri'r nefoedd wedi i hagori a'r Arch wedi i chodi allan o'i cyrhaedd hwynt, Ac yna y dychryn erchyll ai daliodd nhwy, fel gwewyr gwraig yn escor, ac am na fynnent moi helpu o'r blaen, ni ellid moi helpu yr awron.*

Eryr. Ond pa fôdd y gwariasent hwy ei hamser o'r blaen?

Mat. 24. 38.

Colomen. *Yn bwytta, ac yn yfed, yn cysgu, yn caru, ac yn ymbriodi, Nid yn ei gwadu ei hunain ond yn i gwychu ei hunain, ac yn chwerthin am ben Noah ai dylwyth.*

Eryr. Oni ellid i helpu er hyn i gyd?

Preg. 3.

Colomen. *Na ellid o'r diwedd, am i bôd wedi gadael i'r amser bassio; ac mae amser i bôb peth dan yr haul.*

Arwydd i *annerch* y *cymru.*

Eryr. Onid oedd ei heneidieu nhwy yn gadwed-
ig?

Colomen. *Nag oeddynt. Nhwy gollaſont yr enaid
gyda'r corph, y cleddyf gyda'r wain, Canys mae ysbryd
y gwirionedd yn dywedyd mai bŷd o annuwiolion* Gen. 6. 11.
oeddynt.

Eryr. Er hynny. Caled yw'r gair, a garw i ti
(Golomen wirion) farnu fôd ei heneidieu hwynt
yn golledig?

Colomen. *Mae ysbryd y gwirionedd yn dywedyd* 2 Pet. 2. 5.
*yr hyn a wŷr, a hwnnw a ſcrifennodd drwy fŷs
Pedr:*

Eryr. Ond nid yw Pedr yn dywedyd i mynd
nhwy i'r tân tragywyddol, na chadwyd enaid nêb
ond yn yr Arch.

Colomen. *Er hynny, nid oes iechydwriaeth yn enw* Act. 4. 12.
*nêb arall ond yn enw yr vn heb yr hwn ni all nêb ſefyll.
Ond nag ymofyn di gymmaint beth a ddaeth a honynt
hwy, ond beth a ddaw o honot ti, mae i ti ddigon* Ioan 21. 22
o waith dy gadw dy hunan.

Eryr. Ond pa fôdd y ceiff vn ŵybod i fôd yn
yr Arch wedi i blannu yn yr achubwr, gan fôd y
rhan fwyaf allan o hono?

Colomen. *Os yw'r gwir ysbryd yn rheoli ynot, fe
ddengys i ti dy fôd yn gadwedig. Ac hebddo ef ni all* 1 Ioan 5. 10.
*nag addewid nag arwydd, nag ordinhâd, nag angel
mo'th ſiccrhau di.*

Eryr. Ond pa fôdd y ceir adnabod y gwîr
yſbryd?

Colomen. *Wrth ei ffrwythau nefol yn y meddyliau,
a'r geiriau, a'r gweithredoedd. Nid gwiw dywedyd
geiriau yn y peth ymma; ond mae efe ei hunan yn
ſelio gyda'r gydwybod. A'r Sawl ſydd yn yr Arch a* Rhuf 8. 16.

Arwydd i annerch y cymru.

ŵyr i fôd ynddi, ac mae'n hawdd iddo weled arall allan o honi.

Eryr. Ond wrth ba henw y mae Moefen yn galw yr Arch?

Colomen. *Wrth y gair* Tebah, *ag felly y mae Moefen yn galw y lleftr yr achubwyd ei fywyd ef ynddo ar y dwfr pan ddaeth merch Pharaoh yw dynnu allan. I achub Noah yr oedd Arch; i wared* Exod. 2. *Moefen yr oedd lleftr; ac mae gan Dduw lawer o foddion i achub ei waredigion, ond cofia fyth nad Tebah, na groeg, nag Ebrew yw gwreiddyn yr yfcrythurau.*

Eryr. Ond mae rhai yn dywedyd mai'r Arch yw'r eglwys: Ac mae gwŷr duwiol dyfcedig o'r meddwl hwnnw.

Colomen. *Yr vn yw'r pen a'r corph, yr vn yw'r*
1 Cor. 6. 17. *gwreiddyn a'r canghennau, yr vn yw'r gŵr a'r wraig,*
Eph. 5. 31, 32. *a'r ysbryd a'r enaid, a'r tân yn y tanwydd, yr vn yw*
Mat. 19. 6. *yr hwn a fancteiddir a'r hwn a fancteiddia; ac yr vn*
Heb. 2. 11. *yw Chrift ai eglwys, yr hon fydd gnawd o'i gnawd, ag ysbryd o'i ysbryd. Y Sawl fydd ynghrift mae efe yn y wir Eglwys hefyd: fe a dynnwyd Efa allan o Adda, a'r Eglwys o Ghrift, a Chrift o gnawd yr Eglwys, a'r Eglwys eilwaith o yfbryd Chrift. Mae llawer yn fôn am lawer math ar Eglwys. Canys mae'r holl fyd yn dŷ i Dduw, ac vffern a lenwir hefyd, canys mae efe yn prefwylio drwy bôb peth. Nid yw eglwyfydd y plwyfolion ond yfcuboriau gweigion, llawer eglwys blwyf fydd fel corlan geifr a buarth gwarchae defaid. Mae'r eglwysydd eraill o ddynion fel anifeiliaid brith-*
Gen. 30. *ion, cylchfrithion, mawrfrithion a mânfrithion Jacob, Nid oes fawr etto yn fiarad iaith bûr Ifrael, ond mae*
Nehem. 13. 24. *tafodiaith y ddeubâr bobl yn ein myfg (fel y dywaid Nehemiah). Mae'r wefus vchaf yn Ifrael, a'r wefus*

Arwydd i *annerch* y *cymru.*

iſaf o Aſhdod, Mae'r bobl mewn Babel. Mae'r Eglwyſydd yn gollwng defni, a'r diſtiau yn pydru, Mae rhai (yn ſiccr) fel y canhwyllbrenni aur, eraill o brês, eraill o blwm, ac er hynny canhwyllbrenni ydynt oll. Mae rhai o honynt yn frenhineſau, eraill yn ordderchwragedd, ond nid oes ond ymbell vn yn aros yn y tŷ gydâ mâb Duw: ac am hynny, nid eglwys ond yr yſbrydol, nid yſbryd ond yr ail Adda, nid teml i Dduw ond meddwl pûr dyn, nid teml barhaus i ddyn ond yr Hollalluog, a'r Oen, nid vndeb ond vndeb yr yſbryd tragywyddol, nid canu, nid cymmun, nid vno, nid gweddio, nid ymaelodi mewn vn Eglwys oni bydd yſbryd y pen yu rheoli mewn nerth. Canys profeſſu maent i bôd yn adnabod Duw ac yn ei gweithredoedd yn gwadu fôd Duw wedi Can. 6. 8.
Gal. 4. 30.
Tit. 1. 16.
i caru, ac yn ei gweled, ac iw barnu. Am hynny diangc di allan o honot dy hunan, ac o'r hên balaſau plwyfol, ac o'r hên eglwyſydd pwdr, rhag iddynt Dat. 18. 3, 4.
gu'ympo arnat, ac i tithau gwympo danynt i'r bedd a'r pwll.

Eryr. Fe barwyd pygu yr Arch, Beth yr oedd y pŷg hwnnw yn ei arwyddoccau i ni.

Colomen. Fe ai gelwyd Copher (ond nad yw ieithoedd ond fel llais cogfrain, er bôd llawer yn dotio arnynt) y pŷg yw'r heddwch, a'r cytundeb rhwng dyn a'r hwn ai gwnaeth, ſef drwy ffydd ynghyfiawnder vn arall. A'r hwn ſydd yn iawn gredu, mae efe wedi i glymmu, a'i bygu i ddilyn y wîr eglwys, ac nid i adel i'r bŷd ddyfod i mewn iddo. Rhuf. 3.

Iag. 1. 27.

Eryr. Di ddywedaist o'r blaen beth oedd y drŵs oedd ar yr Arch, ond beth hefyd yr oedd ffeneſtr yr Arch yn i arwyddo?

Colomen. Goleuni'r ysbryd glân. Heb yr hwn y mae dyn fel tŷ yn llawn mŵg, heb vn ffeneſtr arno i

Arwydd i *annerch* y *cymru*.

ollwng goleuni i mewn, Ac ym mŵg, naturiaeth mae'r gwybed vffernol yn hedfan : Y golau ymma sydd fel ffenestr o risial. Mae'r haul o'r nêf, yn discleirio drwyddi. Ond nid yw'r dall yn gweled mor ffenestr na goleuni'r bŷd. Ac ni all nêb ganfod y Duwdod ond drwy'r Tâd, na'r Tâd ond drwy'r mâb, na'r mâb ond drwy'r yspryd, na'r yspryd ond drwyddo ei hunan. Mae efe yn agoryd ffenestr yn y nêf fel y gallo dyn weled y peth sydd ym monwes, ac ym meddwl yr oen, Mae efe hefyd yn agoryd vn arall yn y galon i ddŷn i weled ei stafell ei hun, ac i hwnnw mae'r yscrythurau yn agored hefyd.

Esay 54. 12.

Mat. 11.

1 Cor. 2. 16.

Luc. 24. 32.

Eryr. Ond beth yr oedd y tair cell yn i ddangos?

Colomen. *Tair rhan dyn, sef yspryd, ac enaid, a chorph. Tair stâd yr Eglwys dan y gyfraith, dan yr efengil, ac hefyd dan y nefoedd newydd. Tair cell yn gwneuthur vn Arch, trindod yn vndod, fel y mae dwfr, a gwaed, ac yspryd yn yr vn wŷthen. Ond mae dyn fel anifail nad yw yn i ddeall ei hunan, nag yn medru dychwel at Dduw.*

1 Joan 5. 8.

Eryr. Ond pa fôdd y gallai Noah gasclu yr anifeiliaid a'r adar i'r Arch?

Colomen. *Mae'r anifail yn well na dyn, fe ddaeth yr anifail i'r Arch i gadw ei fywyd; ond dyn a foddodd yn y diluw. Er hynny Duw a heliodd yr anifeiliaid, a'r adar cadwedig i mewn drwy yscogiad, ac wedi i cynhyrfu, nhwy a ddaethant o'i gwaith ei hun, a'r Sawl a dywyso ef, a dywysir, a'r Sawl a ddyscer gan y Tâd a ddaw at y mâb. Ac mae yspryd etto drwy'r bŷd yn cynnull y rhai cadwedig i mewn, ac o'r diwedd yn gadel y rhai cyndyn allan.*

Joan 6. 45.

Eryr. Ond yr oedd yn yr Arch anifeiliaid aflan cystal a'r rhai glân. Beth a ddywedir wrth hynny?

Arwydd i annerch y cymru.

Colomen. Pôb cangen (medd y winwydden) na Joan 15. 2.
*ddygo ffrwyth ynofi a dorrir i lawr, a phôb dyn ar y
ſydd yn cael ei fywyd naturiol ynghrist, a'r na ddycco
ffrwth i Dduw drwyddo, a fwrir fel ciw dierth allan
o nŷth yr Eryr, hynny yw, allan o gynhesfa bywyd
tragywyddol : A hyn a wneir yn y diwedd.*

Eryr. Onid oedd yn hîr gennym am ddyfod
allan o'r Arch ar ôl treio y dwfr.

*Colomen. Di wyddost i bôb vn ddyfod allan mewn
trefn, y naill yn llonydd gyda'r llall, pôb vn gyda'i
gymmar, i ddangos mai trefnus yw ymddygiad y rhai* 1 Cor. 14.
*cadwedig. Ac fel y claddwyd felly y codwyd nhwy,
ſef nyni, gyda'r arch, A phan rodder y deyrnas i'r
Tâd, ni bydd anhrefnuſdra, ond pawb a eiff iw le, ac
iw waith tragywyddol yn ôl ei naturiaeth a'i weith-
redoedd.*

Eryr. Ond wedi'r diluw, fe a ofodwyd Enfys
wyrdd-felen yn y ffurfafen. Beth y mae honno yn
i ysbyfu i ni ?

Colomen. Mae'r bwa yn y cwmmwl a'i ddaupen Gen. 9. 13.
*i wared, ac nid i fynu, i ddangos nad yw'r Tâd yn
ewyllyſio ſaethu at ddynion mwyach, ond yn gollwng ei
fwa i lawr yn ei law. Mae rhan o'r enfys yn
wyrddlas i ddangos ddarfod boddi'r bŷd mewn dwfr,
a rhan o honi yn gochfelen i ddangos y lloſcir y bŷd a
thân etto.*

Eryr. Ond pa fôdd wrth hynny y mae dial wedi
darfod a'r bwa a i ddaupen tuag i wared ?

*Colomen. Ewyllys y Goruchaf yw na phecho dyn
yn i erbyn, ac na bo rhaid iddo yntau ddial. Ond tra
parhatho pechod mewn dyn edryched ar yr enfys a
dianged rhag y tân ſydd yn dyfod.* Mat. 3.

Eryr. Ond fe fu agos i mi ac anghofio dywedyd

Arwydd i *annerch* y *cymru*.

i ti fôd rhai yn ymofyn pa fodd y gwnaeth Noah yr Arch;

Colomen. *Mae llawer o ſeiri a'r waith, ac ychydig o'r rheini i hunain yn gadwedig: llawer ſydd o filwyr, o lywodraethwyr, ac o bregethwyr fel ſeiri, y rhai yn y diwedd a fyddant anghymmeradwy. Am* Phil. 2. 12. *hynny Gweithied dyn ei iechydwriaeth ei hun mewn ofn a dychryn. Ac am y peth a ddywedaiſt dy fôd ti a'r anghofio hyn, Mae llawer peth ynghylch yr Arch, nad wyti yn i gofyn na minnau yn i hatteb.*

Eryr. O golomen dirion, Dangos mewn ychydig eiriau beth yw dirgelwch yr Arch.

Colomen. *Yn ddiddadl Mawr yw dirgelwch yr Arch. Mawr yw cyfrinach Duwioldeb. Duw a ymddangoſodd yn y cnawd, a gyfiawnhawyd yn yr* 1 Tim. 3. 16. *yſbryd, a welwyd gan angelion, a bregethwyd i'r cenhedloedd, a gredwyd iddo yn y bŷd, a gymmerwyd i fynu mewn gogoniant, ac a ddaw eilwaith mewn anrhydedd mawr, ac am dano ef yr ydym ni yn diſgwil.*

Eryr. Wele, Da yr attebaiſt. A chan ein bôd ni ymma gydai gilydd, mewn llonyddwch, mi âf rhagof.

Colomen. *O Eryr, Gochel gythruddo pan chwilier gwaelod dy friw fel y gwna llawer, Cares cythryb-* Pſal. 25. 9. *laeth yw anwybodaeth. A fo diddig fydd dyſcedig.*

Eryr. Mae hyn yn digio llawer, fôd y ffolaf yn barnu'r doethaf, ac yn dywedyd yn erbyn y peth ni ddeallant.

Colomen. *Gwae a alwo y goleuni yn dywyllwch. Ond mae rhai nefol yn canfod Ecclips (neu Drwnn) ar y* Pſal. 104. *lleuad naturiol, heb yr vn ar yr haul yſbrydol. Mae'r creadur yn ymluſco ar ôl ei oleuni: Oni weli di y prenniau yn tyfu heb ymglywed a'r bywyd ſydd mewn*

60

Arwydd i *annerch y cymru.*

anifeiliaid? *Mae'r anifeiliaid yn fymmud heb adnabod y rhefwm fydd mewn Dyn. Mae dynion yn ymgoethi heb ddeall y ffydd fydd mewn feinctiau ar y ddaiar. Mae nhwythau hefyd heb ddeall fawr o fywyd angelion, a'r angelion fanctaidd ei hunain heb allel cwbl weled pa fodd y mae'r vn mewn tri yn byw. Ac am hynny (fel y dywedais o'r blaen) Dôd i bôb peth ei lê ei hun, ac di elli weled yn hawdd nad yw fynwyr naturiol yn medru nofio na hedeg i Arch* Noah. *Oni weli di y gwŷr duon dyfcedig yn ymdrabaeddu yn chwant y cnawd, ac yn boddi yn ysbryd y gwaed, a rhai o'r bobl anllythrennog yn hedeg ac yn cippio caftell teyrnas nefoedd drwy drais, tra fo y rhan fwyaf yn* Mat. 11. 12. *cippio drwy drais bethau'r bŷd ymma.*

Eryr. Ond er hynny, mi welaf yr vn diwedd yn digwydd i'r naill ac i'r llall. Marw y mae'r duwiol yn y diwedd, ac nid yw'r annuwiol ond marw hefyd.

Colomen. *Gwir yw fôd corph y naill yn huno ynghrift, ond mae corph y llall yn pydru gyda'i enaid, fel y mae'r naill long yn boddi yn nhonnau'r môr, a'r llall yn hwylio drwyddynt, Pan fo dyn duwiol yn ymadel a'r bŷd, nid yw fo ond gadel ei wifg fel* Jofeph *yn nwylaw gwraig Potiphar, honno yw'r ddayar.* Gen. 39. *Ac mae haul y cyfiawnder yn fugno gwrês yr enaid hwnnw allan o'r corph ac yn gadel y cnawd (fel gloûn dû) iw orchymyn i'r bedd. Ac fe a godir cyrph (neu natur gorphorol) y rhai duwiol fel y cyfyd yr* 1 Cor. 15. 43. *haul yn ei ogoniant a'i nerth. Ond am y lleill fe fydd ei cyrph moethus hwynt fel tommen i'r cythreuliaid i* Esa. 66. 24. *ymdrybaeddu ynddi yn dragywydd.*

Eryr. Er hynny onid oes adgyfodiad i gyrph y rhai gwaethaf?

Colomen. *Fe gynnhyrfir gwreiddyn pôb naturiaeth*

Arwydd i *annerch y cymru.*

vnwaith etto, ond ni thâl ei cyffrôad nhwy o'r bedd moi alw yn adgyfodiad. Canys *er iddynt ſefyll ar y ddayar, nhwy fynnent y prŷd hwnnw gael i cuddio*

Dat. 6.

dan y ddayar ac ynghromlechydd y creigiau. Ni chânt moi codi i'r awyr i gyfarfod yr vſdus mawr. Canys nid oedd ei heneidieu yn ei bywyd yn ymgodi i fynu, ond fel dwfr tywyll yn rhedeg ar i wared, ac yn pwyſo tu a'r dyfnder.

Eryr. Ond pa'r y ddyfnder yr wyti yn i feddwl? Pa beth yw'r dyfnder, a'r vwchder?

Colomen. *O* Eryr, *Os gwrandewi fel y dylit, di gei fwy O ddealldwriaeth. Y dyfnder ymma yw'r*

Dat. 21. 8.

pwll diwaelod, a hwnnw yw'r ail angau, a'r angau mawr hwnnw yw'r vffern, a'r llid anrhaethadwy ſy'n lloſgi pechod a phechaduriaid cyndyn fel afon o

Eſai 30. 33.

frwmſtan, Canys *mae'r pechod lleiaf yn cynhyrfu y digofaint mwyaf: Ac am yr vwchder, hwnnw yw diwedd yr ailenedigaeth. Nid oes nêb ai hedwyn ond y rhai ſy'n hedeg allan o honynt ei hunain iddo, ac yn byw ynddo.*

Eryr. Ond ai diogel i ddynion hedeg yn vchel? fe alle mai pa vchaf yr ymgodant iſaf y cwympant.

Colomen. *Gwir ddigon yw os bydd eſcyll o gŵyr naturiaeth ganddynt,* Canys *felly yr ehedodd Luciffer a'i lû i waelod vffern. Y balch a oſtyngir, a'r iſel o*

Luk 14. 8.
Pſal. 25. 9.

galon a dderchefir. Ond os calon ddrylliedig a gais adnabod dwfn gariad Duw, hi gaiff i dyſgu, ai chynnal, ai chodi i vchelderau'r Arglwydd, ai chyfarwyddo yn yſbryd y gwir Noah.

Eryr. Ond yr wyti yn fynych yn ſôn am Noah. Pa beth yw yr ysbryd?

Colomen. *Ysbryd y Goruchaf yw'r awel dragwyddol, a'r ſeren forau, a goleuni'r bŷd, ffynnon yr oeſoedd, ſêl y teſtament, Anadl yr Ōen, Rheolwr*

Arwydd i *annerch* y *cymru.*

*angelion a bywyd dynion: a'r ysbryd hwnnw ſy'n
dwyn rhai i baradwys tra fo ei cyrph hwy ar y
ddayar.* Phil. 3. 20.

Eryr. Paradwys: Pa le mae'r ardd honno? Mi glywais ſôn llawer am dani.

Colomen. *Ni all nêb hedeg yno, Ond y ſawl ſydd
yn rhedeg allan o hono ei hunan, ſef allan o'i ewyllys,
a'i gyfrwyſtra, a'i ddiweddion, a'i lwybrau ei hunan.
Mae Paradwys nid ymmhell oddiwrthyt ond ymmhôb
mann llei mae cariad Duw yn ymddangos. Ac mae'r
holl golomennod cywir ynddi, yn clywed geiriau an-
rhaethadwy, ymmyſg myrddiwnau o angelion, ac
yſbrydoedd perffaith. Ac hefyd o'r tu arall, mae
vffern a'r tân, a'r nâd, a'r tywyllwch ynghalonnau
llawer tra font ymma yn rhodio ar y ddayar.* Phil. 3. 10.

Heb. 12. 22.

Eryr. Ond gâd i mi ofyn i ti. Onid oes vn nêf, nag vffern ond ſydd yn y byd ymma?

Colomen. *Och lawer. Mae nêf dragwyddol, ac
vffern fel ffwrn a bery bŷth. Ond er hynny mae naill,
ai nêf ai vffern ymhôb dyn yn y bywyd hwn. Ond
nid yw dyn yn gweled ymma pa le y mae, mwy na gŵr
yn cyſcu yn ei welŷ ſydd a llenni tywyll y cnawd o'i
gwmpas, a'i holl ffeneſtri wedi i cau. Ond mae'r amſer
i ddeffro yn agos pan gladder neu pan loſcer y cnawd,
ac yna mae pawb yn mynd iw gartref, ac yn canfod
ei orweddfa.* Luk. 17. 21.
Jac. 3. 6.

Eryr. Ond mae arnai ofn hyn; Pa le y byddai yn oes oeſoedd?

Colomen. *Er bôd ffelix yn crynnu, nid oes fawr
dan y diwedd yn ymofyn am hyn. Os dilyni naturiaeth
di gei loſci fŷth heb fynd byth yn vlŵ. On os cei di
naturiaeth arall a chalon newydd di fyddi gyda'r
colomennod yn y llawenydd.* Act. 24. 25.

Act. 26. 18.

Eryr. Ai ſôn a wnei di wrthyf fi am galon

Arwydd i *annerch* y *cymru.*

newydd ? Parchedig oeddwn i erioed, am henafiaid hefyd (fel y mae'r Achau yn dangos:) Ac mae llawer a gawſant grêd a bedydd nad oes arnynt ofn vffern mwy na thithau.

  Colomen. *Er hynny fe ddaw vffern heb i hofni. Ac nid yw Achau teuluoedd ond rhwyd a weuôdd naturiaeth yn yr hon y mae prŷfcoppyn balchder yn llechu. Nid wyti nês er dyfod o honot o dywyſogion Cymru, onid wyti yn vn o hâd Tywyſog brenhinoedd y*
Joan. 1. 13. *ddayar, wedi dy eni, nid o ewyllys gŵr, ond o'r Hâd anllygredig: Rhaid i ti er glaned wyt oddiallan gael*
Jag. 1. 18. *newid dy naturiaeth oddifewn, neu fe a'th loſgir di yn dy Blû, a'th foneddigeiddrwydd a'th ſynwyr dy hunan.*
Act. 8. 13, 23. *Ac am grêd a bedydd dyfrllyd, nid yw hyn fwy na gwelltyn yn y dommen, oni chei di gyda hyn yr ailenedigaeth.*

  Eryr. Peth na wn i oddiwrthi ynof fy hunan yw'r ailenedigaeth, er i mi a'r glûſt glywed ſôn am dani.

  Colomen. *Yr ailenedigaeth yw dyfodiad dyn allan o'r naill fŷd i'r llall yn y bywyd ymma. Pan fo'r*
Joan 3. 3. *enaid yn yr ysbryd (mewn poen dan weiddi) yn torri drwy gwrs naturiaeth oddifewn, heb fynnu moi ddal yn hwy ynghrôth y meddwl dayarol, ond er gwaethaf*
Act. 26. 18. *pôb creadur yn dyfod allan o dywyllwch i oleuni, allan o fryntni ysbrydol i burdeb, allan o gâs i gariad, allan o gaethiwed i rydd-did nefol, allan o'r carchar i reoli,*
Eph. 2. 1, 2. *allan o helynt y bŷd i gymdeithas Seinĉtiau, allan o fonwes cythreuliaid i gwmnhi angelion Duw, allan o ſŵn y cnawd i glywed llais Duw, allan o'r oferedd i ſobrwydd meddwl, allan o'r chwerthiniad i brudd-der paradwyſaidd, allan o'r cnawd drewllyd i'r ysbryd bywiol, ac allan o grôth naturiaeth i'r Gaerſalem neſol. Mae yn yr Ailedigaeth ddwy ran. Vn i'r enaid, a'r ysbryd, am yr hon yr ydym ni yn ſôn, a'r llall i'r corph*

Arwydd i *annerch* y *cymru.*

yn y diwedd, yr hon a elwir, mabwyfiad y corph. Rhuf. 8.
Ac fel y mae'r corph yn y bedd heb i eni hyd yr adgyfodiad, felly mae'r enaid yn pydru yn naturiaeth ne's iddo adgyfodi gyda Chrift, Ac fe wna Duw i ddyn weled i fôd ef yn gorwedd yn vffern, ac yn llechu yn y ddayar, cyn iddo ddwyn y meddwl i baradwys.

Eryr. Rwyti yn fôn yn fynych am baradwys. A wyddoft di Pwy fydd yno?

Colomen. *Dôd gennad i mi i fôn yn ddifyr am fyngwlâd am brô fy hunan. Rhaid i bawb fôn am ei* Luk. 6. 45. *gartref. Rwi (mewn rhan) ynddi yn barod, a'r Colomennod gyda'm fi fel y dywedais i ti.*

Eryr. Ond Beth ped fawn i yn dy lâdd di'r awron, i ba le yr ait ti?

Colomen. *I mewn ymhellach i'm gwlâd, canys ni ellir mo'm gwthio i allan o'm naturiaeth, a naturiaeth* Rhuf. 8. 38, 39. *nefol yw paradwys.*

Eryr. A wyddofti beth yr wyti yn i ddywedyd?

Colomen. *Gwn, er na fedrai beri i ti ddeall.*

Eryr. Onid oes arnat ti ofn marw er hyn i gyd?

Colomen. *Nagoes, mwy nag ar vn fydd wedi blino, fynd iw welŷ i orphwys. Cennad yw angau* Phil. 1. *oddi wrth fy nhâd i'm dwyn i adref allan o yfcol y bŷd hwn fel allan o garchar y cnawd.*

Eryr. Ond mae ofn marw ar eraill?

Colomen. *Mae iddynt hwy achos, Canys pan fo angau yn marchogaeth attynt hwy, mae uffern wrth* Dat. 6. *ei fcil ef.*

Eryr. Pam nad oes arnat tithau ofn marw?

Colomen. *Am fôd vn arall wedi marw drofofi, a*

Arwydd i annerch y cymru.

hwnnw yw fy meichiau i. A digon yw naill ai iddo ef, ai i minnau farw.

Heb. 7.

Eryr. Oni bu efe farw dros bôb vn arall cyſtal a thithau?

Colomen. Fe fu farw dros bawb, ac mae pawb yn cael llês oddiwrtho dros amſer. Ond nid ydynt hwy yn i garu ef, ond yn ymollwng oddiwrtho i fyw ac i farw fel Balaam. *Ac oni bai iddo erioed ymroi a chytuno i farw, ni buaſe y bŷd ymma yn ſefyll munud awr ar ôl cwymp Adda.*

Heb. 2.
2 Cor. 5.

Eryr. Ond ni bu efe farw lawer blwyddyn ar ôl hynny.

Colomen. Ond deall di (O Eryr*) iddo addo a bwriadu marw er ſylfaeniad y bŷd, a'r peth a fwriado efe, mae hynny fel ped fai wedi i wneuthur yn barod.*

Dat. 13. 8.

Eryr. Ond a fwriadodd ef wrth farw gadw pawb?

Colomen. Mae cariad y Tâd yn y mâb yn gwenu a'r bawb, ond mae digofaint y Tâd, ai Arglwyddiaeth ofnadwy yn gadel ac yn gwgu ar lawer. Felly y mae Trugaredd a chyfiawnder yn vn, ac yn mynnu ei diweddion. Nid yw'r rhain yn Nuw yn ymryſon, Ond yn digoni y naill y llall, ac yn ymborth yn ei gilydd erioed. Fel llawenydd a thriſtwch yn yr vn galon. Ewyllys calon y Tâd (ſef yr Achubwr) yw achub y pechadur, ond mae'r cynhyrfiad tragwyddol fel tân, neu fel chrochenydd. Dwfn yw gwreiddyn y matter ymma (fel y dangoſwyd o'r blaen) a phôb Dyſcawdwr ai reſwm ganddo, mewn amryw opiniwnau, Hyn ſydd ddigon i'r call, o gormod i'r gwatwarwr. Ac am y gwan ei ddeall a'r ſychedig ei galon, diſgwilied yn ddiſtaw, mae'r dydd yn gwawrio, a'r dyfnder yn ymagoryd i dderbyn i'r fonwes olau y rhai iſel gofalus.

1 Tim. 2. 4.
2 Pet. 3. 9.

Pſalm 101.

Rhuf. 9.

Arwydd i *annerch* y *cymru*.

Eryr. Nid yw hyn yn bodloni dim ar feddyliau rhai?

Colomen. Ni fodlonir rhai byth, nag yn y bŷd 1 Cor. 14. 38.
*ymma, nag yn yr hwn a ddaw. Ond bydd di fodlon
ynghariad Duw, fel y mynne efe i bawb fôd : Bwytta
o bren y bywyd, er bôd llawer yn ymgipio am ffrwyth
pren gwybodaeth da a drwg ynghŷd. Digon yw i
ddyn wybod hŷd, a llêd, ac vwchder a dyfnder cariad* Eph. 3. 18, 19.
*y Goruchaf tuag at ei enaid truan : a'r holl wybodaeth
arall a dderfydd ac a ddiffydd fel canwyll pan godo y
tymheſtloedd olaf.*

Eryr. Ond (wrth hynny) i ba beth yr ydym ni yn ymddiddan? Onid gwiw cael gwybodaeth nid gwiw ſiarad nag ymofyn am dani?

*Colomen. Bywyd tragwyddol yw adnabod y Tâd
yn y mâb, Ond angau yw i adnabod allan o hono, a* Joan. 17. 3.
*gorthrymder ysbryd. Nid yw'r Tâd yn i ganfod ei
hun allan o'r mâb, ond ynddo, a'r mâb ynddo yntau,
Ond fel yr oedd yr Iddewon yn edrych ar y mâb allan
o'r Tâd,* (heb adnabod yr vn o'r ddau) *felly y mae
llawer yn edrych am Dduw allan o'i ddifyrrwch ai
anwyl fâb, ac yn i gael yn dân lloſcadwy.*

Eryr. O Golomen. Rwyti yn rhy gyflym i mi. Ond oni fedri di fôd yn falch am hynny?

*Colomen. Ni fedrai, ac ni feiddiai fôd yn falch.
Canys nid fyfi am gwnaeth fy hunan. A'r hwn am* Pſal. 100. 3.
*gwnaeth i yn wirion ymhôb peth, iddo ef y byddo'r
glôd bŷth. Nid oes gennif na llais, na lliw, na llûn
na phluen o'm gwaith a'm gallu fy hun. Nag
ymffroſtied nêb ynddo ei hunan ond yr hwn ſydd o hono* Jer. 9.
*ei hunan, yn fendigedig ymmyſg pawb ar ai hedwyn
mewn cariad.*

Eryr. Ond mae (er hynny) llawer yn hoyw-

Arwydd i *annerch* y *cymru*.

feilchion, yn ymfronni, ac yn ymofod allan, orau y gallont.

Colomen. *Er hynny, nid yw dŷn o hono ei hun ond fwp o wenwyn, a thelpyn o brîdd, ac anifail brwnt, cyfclyd aneallus, neu welltyn glâs yn gwywo, Twrr o efcyrn yn pydru. Gwâs i ddiafol ynnhommen y cnawd, Ac a ddyle hwn (dybygi di) fod yn falch? Ie er bôd rhai yn Seinɛ̄tiau ynghyfiawnder yr Arch, mae nhwy yn gweled nad yw ei cnawd nhwy ond blodeuyn, ni all y Goruchaf aros llygaid a meddyliau vchel. Ac fe a oftyngir y brynniau fel* Dagon *a* Jezabel. *Canys llei bo balchder mae ynfydrwydd, ewyllyfgryfder, anghofufdra, creulondeb, drwglygad, cenfigen, ymrafael, anfodlonrwydd, gwaed, cynnen, malais, ymladd, gwagfoft, dirmyg, anair, ymgyftadlu, ac ymchwyddo ymhôb drygioni.*

Gen. 3. 19.
Preg. 3. 18.
Efay 40. 7.
Pfal. 138. 6.

Dih. 16. 5.

Eryr. Onid oes dim o'r pethau ymma yn eich myfg chwi?

Colomen. *Fel y mae'r afiechyd yn yr iachaf, neu ddraen yn y troed, neu wynt yn y cylla, neu afcwrn o'i le. Mae pechod yn olrhain dŷn da, i geifio i ddal. Ond y mae meddwl dyn drwg yn dal, ac yn goddiwedd ei bechod. Mae'r naill yn marwhau, a'r llall yn magu ei anwylchwant. Mae'r naill yn i ofni, ac yn i gafhau fel gelyn, a'r llall yn i groefafu iw feddwl fel fiwgwr dan ei ddannedd. Y naill fydd yn ei chwant ai natur fel brithyll yn y dwfr, a'r llall yn nofio allan o hono ei hunan am ei fywyd. Y naill fel yr hŵch a'r afr, a'r llall fel y ddafad·ddiniwed yn adnabod llais y bugail.*

Rhuf. 7.
Gal. 6. 1.
Rhuf. 8. 13.
Pfal. 18. 23.

Job 20. 12.

Eryr. Sôn am y bugail yr wyti. Ond mae llawer llais yn y bŷd, a fŵn rhefymmau lawer. Pa fodd yr adwaenoft di lais yr ysbryd glân ymyfg y cwbl?

Arwydd i *annerch* y *cymru*.

Colomen. *Oni wyddoſt ti y medr oen bâch adnabod llais ei fam ei hun ymmyſg cant o ddefaid. Nid oes nêb a fedr ddirnad y gwir ysbryd ond y ſawl ſydd* Joan 10. *ai natur ynddo, am hynny ofer yw rhoi arwyddion a geiriau iw adnabod.*

Eryr. Wrth hynny. Rwyti yn gadel pawb iw feddwl ei hun.

Colomen. *Pan fo'r gwir fugail yn llefaru, a dŷn yn i glywed, mae'r galon yn lloſci oddifewn, a'r cnawd yn crynnu, a'r meddwl yn goleuo fel canwyll, a'r gyd-* Luc. 24. *wybod yn ymweithio fel gwin mewn lleſtr, a'r ewyllys* Hab. 3. 2. *yn plygu i'r gwirionedd: Ac mae'r llais main nefol* 1 Bren. 19. *nerthol hwnnw yn codi y marw i fyw, oi fedd ei hunan, i wiſgo'r goron, ac yn newid yn rhyfedd yr holl fywyd i fyw fel oen Duw.*

Eryr. Onid oes cnawd yn gorchfygu y gorau o honoch?

Colomen. *Nagoes. Y mae cnawd droſom ond nid yw fo yn gorchfygu monom. Ond fel tŷ Saul yn myned wannach wannach. Canys y nêb ſydd yn yr Arch a groeſhoeliaſont y cnawd ai wyniau, ai chwantau.* Gal. 5. 24. *Mae nhwy fel dynion wedi meirw i bleſſerau a chlôd a chyfoeth y bŷd, nid ŷnt fywiog iddynt, nag ynddynt.* Gal. 6. 14. *Maent wedi gwywo yn ei ſynwyr, ai hewyllys ei hunain, ac yno mae'r blodeuyn tragywyddol trwyddynt, ynddynt, iddynt.*

Eryr. Pa beth (meddi di) yw'r cnawd yr ydym ni yn ſôn am dano, gan fôd llawer heb ddeall ei geiriau ei hun?

Colomen. *Y cnawd yw pôb peth dan yr haul a'r ſydd o'r tu allan i'r dyn oddifewn. Pa beth bynnag ſydd ddarfodedig, ac nad yw dragywyddol cnawd yw. Cnawd yw ſynwyr dyn, a phleſer y bŷd. Cnawd yw chwaryddiaeth hên ac ifangc. Cnawd yw ymborth a*

Arwydd i annerch y cymru.

hiliogaeth dŷn. Cnawd yw amſer a phôb peth ar a derfynir ynddo. Cnawd yw ewyllys a dirgelwch dynion. Cnawd yw gweddiau a phregethau llawer. Cnawd yw anrhydedd gwŷr mawr ac vwchder gwŷr mân. Cnawd yw pôb peth ar a all dŷn naturiol i Rhuf. 8. *weled, ai glywed, ai gael, ai gynnwys. A gwellt yw pôb cnawd. Wele gwywo y mae. Nid yr vn yw* Eſay 40. *dros vn munud. Mae anadl Immanuel yn chwythu ar y blodeuyn ymma, fel ar llyſſeuyn gardd, yr hwn a lychwina rhwng dy fyſſedd: fe elwir y cnawd ymma* Eph. 4. 22. *wrth henw Henddyn, am i fôd yn gyfrwys i dwyllo, yn hawdd i gofio, yn anhawdd i adnabod, yn gynnefin a dŷn, ac fel tâd iddo. Cnawd y gelwir ef, am i fôd ef am ddyn fel dilledyn, yn anwyl iddo, yn agos* Gal. 5. *atto, yn rhan o hono, yn tyfu ynddo, ac yn pydru wrtho. Y cnawd ymma yw Gelyn Duw, Gwenwyn dŷn, lifrau vffern, Delw anifail, Anŵylyd pechadur, lloches rhagrithiwr, Rhwyd y prŷf coppyn, marſiandwr eneidieu, Cartref y colledigion, a thommen y cythreuliaid. Gwae, Gwae, Gwae y rhai ſydd yn byw yn* Rhuf. 8. 8 *y cnawd; ni all y rheini na bodloni Duw, na bôd yn gadwedig, oni ddychwelir hwynt.*

Eryr. Pwy yw y rheini ſydd yn byw yn y cnawd yn ôl y cnawd?

Colomen. Ped fawn i yn henwi'r cwbl, mi hennwn y rhan fwyaf o holl drigolion y ddaiar, y tywyſogion beilchion, yr offeiriaid mudion, y llefarwyr myglyd, y gwrandawyr cyſglyd, y proffeſwyr gweigion, yr vchelwyr trawſion, y tenantiaid ffeilſion, y rhai ifaingc nwyfus, y rhai hên oſergoelus, yr uſduſiaid anghyſion, yr ymofynwyr partiol, y cyfreithwyr cyfrwyſddrŵg, y boneddigion briwſiongar, y tlodion rhagrithiol, y gwerin anwybodus, yr yſcolheigion chwyddedig, y milwyr anrheſymmol, y trethwyr digydwybod, y tafarnwyr anifeiliaidd, y cynllyfanwyr ſegur-llyd, y gwŷr chwerwon,

Arwydd i *annerch* y *cymru*.

*y gwragedd anufydd, y plant cyndyn, y maſweddwyr
ſidanog, y lladron anweledig, y llofruddion maleiſus, y
cynhennus direol, yr ymladdwyr gwaedwyllt, y godin-
ebwyr anifeiliaidd, a holl addolwyr y llythyren, a'r
cyffelyb i'r rhai hyn, am y rhai y dywedwyd o'r blaen,* 1 Cor. 6.
ac yr wyſi etto yn tyſtiolaethu, nad y rhain yw etifeddion Gal. 5.
*teyrnas Dduw. Mae rhain yn boddi yn y cnawd, ac
heb adnabod rhodfeŷdd yſbryd y bywyd. Meirwon
oeddynt, meirwon ydynt, a meirwon fyddant oll, oni
eilw Duw rai o honynt.*

Eryr. Beth a wna dŷn i ddyfod allan o'r cnawd
i'r ysbryd glân, ac allan o hono ei hun i fyw yn
Nuw?

Colomen. *Mae llawer yn ymofyn ac yn ymbalfalu
dros amſer, ac yn ceiſio vnioni cangen gam ei naturiaeth
ei hunain, ond mae nerth natur fel llanw yn gorch-* Luc. 13. 23, 24.
*fygu yn y diwedd. Ac yn y diwedd y mae barnu.
yn yr hwyr y bydd dydd y farn. Dyn a derwen a
diwrnod ŷnt anhawdd i hadnabod, Ond os myn nêb
i wadu ei hun a dilyn yr oen yn yr ailenedigaeth, a
pharhau hyd y diwedd, a bôd yn gadwedig, Na* Mat. 19. 28.
ddiffodded mor golau ſydd yn ei gydwybod, ond chwyth- Mat. 24. 13.
*ed ef i oleuo, a dilyned oleuni Duw, a'r ſeren forau
ynddo, ac fe a gyfyd yr haul yn ddiſclair arno.*

Eryr. Pa beth yw'r ſeren forau honno?

Colomen. *Sicrwydd gwybodaeth, Gwyſtl yr yſbryd,
ſiŵr lygad ffydd, ernes perffeithrwydd, ſêl Jehovah, a
thŷſt tri yn vn, angor yr enaid, a'r cwbl pan fo dŷn* Col. 2. 2.
yn y goleuni yn adnabod cariad Duw atto, ynddo, a 2 Pet. 1.
thrwyddo, mewn nerth a heddwch ryfedd.

Eryr. Oh. Beth a wna i gael hyn ynof fy
hunan?

Colomen. *Rhaid yw curo yn galed wrth ddrŵs* Luc. 11. 13.
Duw mewn gweddiau, fel cardottyn, ac nid tewi nes

Arwydd i *annerch* y *cymru.*

cael. *Mewn yſbryd a meddwl yn y porth bôb munud, Canys y Sawl ai gofynno ai caiff.*

Eryr. Ond mae llawer yn gweddio heb fôd nês. Pa brŷd y mae gweddi dŷn yn cyrhaeddyd monwes Duw?

Colomen. *Pan fo yſbryd Duw yn ochneidio (yn ddigymmyſg) mewn dyn, Pan fych di yn ymroi i Dduw, ac ewyllys i geiſio yſbryd Duw fel cynnyſcaeth i'r enaid; Ac hefyd yn ymgryfhau i barhau yn daer, ac yn wangcus nes i ti i gael. O blegid nid cnocc neu ddau ſydd ddigon wrth ddrŵs Duw. Mae llawer cythrel nad a allan drwy ympryd a gweddi heb ffydd, na thrwy ffydd heb ympryd a gweddi. Ac mae'n agos drô mawr ar dywydd: Mae taranau yſbrydol, Mae daiar-grynfâu yſbrydol, mae lleiſiau yſbrydol, Mae cenllyſg yſbrydol. Mae mellt yſbrydol, Mae dreigiau yſbrydol, a barn yſbrydol. Ac mae'r rhain i gŷd yn anweledig yn yſbryd dŷn, ymwrandawed dŷn ai galon, ac fe gaiff glywed y pethau hyn ynddo ei hunan, Mae llawer a fyddai wych ganddynt drafaelio yr holl fŷd droſto, ond nid adwaenant y bŷd mawr helaeth yn y galon, ond mae'r borau wedi gwawrio i ddyn yw adnabod ei hun, canys mae'r priodfab yn barod, ar brenin, ar barnwr, wrth y drŵs.*

Eryr. Ond mae llawer yn dywedyd er yſtalm fôd y barnŵr ar ddyfod, a bôd ei fŷs ef yn codi clicced y drŵs er-ys llawer blwyddyn. Er hynny ni wela i monofo etto yn ymddangos, na dydd y farn etto wedi dyfod.

Colomen. *Mae dydd barn wedi dechrau yn barod yn y gydwybod, ac fe ai datcuddir yn yr amlwg pan ymddangoſo y Duw mawr. Nid yw ef yn oedi dyfod fel y dywaid rhai ſydd heb i ganfod ef, nai gydnabod yn llenwi'r hollfyd, yn gweled pôb peth, yn barnu'r teyrn-*

Arwydd i *annerch* y *cymru*.

afoedd, yn cyffroi yr holl naturiaethau, yn ceryddu cydwybodau, yn cyflawni prophwydoliaethau, ac yn agoryd yfcrythurau. Er ir Iddewon ddifgwil yn hir am y Meffiah, ni dderbynient mono pan ddaeth am na ddaeth ef yn y ffigûr yr oeddynt hwy yn difgwil am dano, felly mae fo yr awron yn barod i ddyfod yw deml, ond pwy a all aros tân y toddudd a febon y Mal. 3. 1, 2. *golchyddion? fe ddaw, ac fe gaiff pawb i weled fel y dywedais i am y Diluw or blaen.*

Eryr. Rwyti yn myned oddi wrth y Queftiwn a ofynnais i ti.

Colomen. *Felly yr oedd Iachawdwr y bŷd pan ofynnid iddo lawer peth drwy fynwyr y farph. Ac ni thâl y cnawd moi atteb, Ar fawl fy'n fiarad llawer ymyfg dynion nid yw fo yn clywed fawr o lais Duw a pharadwys. A gwell i mi dewi na dywedyd wrth vn byddar rhag dywedyd geiriau fegur, Canys rhaid rhoi cyfrif am bôb gair diwaith.* Matth. 12. 37.

Eryr. Beth (wrth hynny) a ddaw o honom ni fydd yn fiarad rhyd y dydd am y peth cyntaf a ddêl i'n pennau?

Colomen. *Mae ysbryd dyn fiaradus yn farch i ddiafol heb un ffrwyn yn ei Safn: ô pa fawl mil yn yr wythnos o eiriau fegurllyd y mae pawb agos yn i* Pfal. 120. 3, 4. *traethu? yr holl eiriau budron, anllad, diofn, digllon, afrywiog, anneallus, enllibiaidd, rhyddion, yr holl eiriau gwatwarus, meddwaedd, bloddeftgar, farrig, cyfrwyf- ddrwg, drygionus, pan ddelo'r rhain i gyd fel lluoedd mewn arfau i gyfarfod y pechadur Beth a ddaw oi obaith ef y dydd hwnnw? Am hynny gwaedda yn fuan am yr ysbryd glân i fôd yn borthor ar ddrws dy* Pfal. 141. 3. *wefufau, Cyn i ti ddywedyd gormod.*

Eryr. Ond beth os dywedais i ormod o eiriau yn barod na fedrai gofio vn o fil, (er bôd yr angelion

Arwydd i *annerch y cymru.*

wedi i printio nhwy er cynted y daethant allan o'm genau?

  Colomen. *Selia dy enau o hyn allan ac egor dy gydwybod o flaen Duw, a glŷn yn galed wrth yr Arglwydd Iesu ar iddo fôd yn feichiau drosot ar ddyda y farn, ac na chwsg ddydd na nôs nes cael ficrwydd oddiwrtho. mae ar y dledwr ofn cael i arreftio ai ddal ai garcharu nes iddo dalu yr hatling eithaf. Pan bechodd Adda fe ddywedodd wrth yr Arglwyda*

Gen. 3. *(Iehovah) mi a glywais dy lais di yn y gydwybod, ac a ofnais, ac a ymguddiais. Dymma fynydd* Sinai *a dirgelwch y daran, Dymma gydwybod ledradaidd yn*

Job 21. 15. *ceifio (pe bai boffibl) ddiangc o'r tu cefn i Dduw allan oi olwg. Ac am fôd y goleuni cyhuddgar ymma mewn dyn, mae arno gywilydd wneuthur o flaen pawb y peth naturiol nad yw'r anifail yn rhufo i wneuthur. Canys mae difcleirdeb Delw Duw ar enaid dŷn, er na ŵyr yr enaid mo hynny yn eglur nes torri o'r goftrel bridd, a myned o'r meddwl allan o'r corph. Am hynny gochel di adel dim llwgr, ac euogrwydd ar dy gydwybod, na dim crawn yngwaelod y briw.*

Heb. 10. 22.
Levit. 26. 36. *Canys os bydd llûn a delw y pechod (fel bŵbach vffern) yn y gydwybod, pôb peth a'th gynhyrfa, a phôb digwydd a'th ddychrynna. Os gwnei di ddim (mewn meddwl gair neu weithred neu ymddygiad) yn erbyn dy gydwybod, mae taran yn nefha ynot yn dangos ei llef. Ac os pâr dy gydwybod i ti wneuthur y peth ar peth fydd dda (drwy eftyn bŷs oddifewn ai*

Jag. 4. 17. *ddangos i ti) os ti ai hefceulufi, ac a droi heibio, mae Scrifen ar dy fûr di yn peri i'th gymmalau di oddifewn figlo. Ac heb law hynny (Deall hyn O* Eryr) *fôd*

Ezek. 14. 4. *delwau ym meddwl pôb dyn, a'r rheini yw lluniau pôb peth a welodd y llygad yn y byd, maent yn ymddangos oll megis mewn drych yn y meddwl, a'r lluniau ymma a barhant byth onis diftrywir hwynt cyn i'r corph*

Arwydd i *annerch* y *cymru.*

*farw. Nid oedd ond vn ffordd ar ran Duw iw difetha,
ſe gymerodd ei anwyl fâb ai ddelw ei hunan, ac ai
tarawodd yn erbyn dy ddelwau di, ſe a dorrodd ei
ddelw ei hunan ac ai lladdodd ar y groes, fel y difethid
eulynnod dy galon dithau drwy nerth yſbryd y groes.* 1 Joan 3. 8.
*Ac os mynni di gael heddwch cydwybod, A heddwch a
barhatho byth, Gwybydd y gwneir i ti wybod, pa fodd
y bu (Chriſt ſef enneiniog Duw) farw droſott ti, a* Rhuf. 6.
*thithau ynddo yntau, ac yntau ynot tithau. A thrwy
gredu hyn i gyd ynghŷd, mae'r gydwybod yn cael i
hyſcubo yn lân drwy ffydd, a'i hyſcafnhau oddiwrth yr
holl hên feddyliau pechodol er brynted fuont. Gwaed* 1 Joan 5.
*yr Oen ſy'n golchi'r enaid, a'r dwfr gyd a'r gwaed.
Ac yn y dwfr a'r gwaed hwnnw oddifewn mae rhin-
wedd, a holl nerth yſbryd y Duw byw tragwyddol,* Heb. 9. 14.
Dymma'r ffynnon agored ynghriſt i ti, ac ynot ti Zach. 13. 1.
*iw ddiodi yntau, Pob peth ſydd o DDuw, uc nid o
ddyn, am hynny diſgwil di wrtho. Ac o achos dy fôd* 2 Cor. 5. 18.
di yn ſôn am bechod y genau, ac am ddrygioni geiriau, Pſal. 14. 1.
*Cofia byth fôd meddyliau'r galon yn eiriau ſylweddol
ynghluſtiau y Goruchaf; A thra fo meddyliau'r cnawd
ynot ti, mae nhwy fel bytheuaid yn dy ganlyn di ddydd
a nôs, ac yn gwneuthur ſŵn amherffaith ynghluſtiau'r
Barnwr. O i ba le y diangi di rhagddynt ond allan o
honot dy hunan? Mae vn meddwl ofer yn drymmach* Jer. 4. 14.
*na'r holl ddayar, canys nid yw'r ddayar ond amſerol,
ond mae'r meddwl yn dragwyddol. Ac hefyd nid yw'r
llais oddiallan ond adlais y ſŵn oddifewn. Ac mae
meddyliau pawb, agos yn rhedeg allan oddiwrth DDuw
drwy y llygaid a'r cluſtiau at bethau gweledig dar-
fodedig, heb fedru, nag heb gael aros i mewn i wrando
ar y llais anrhaethadwy yn yr yſbryd; Mae'r gelyn
wedi tynnu allan lygaid a chluſtiau pôb dyn agos at y
peth a wnaed oddiwrth yr hwn ni wnaed ond oedd
erioed.*

Arwydd i *annerch* y *cymru.*

Eryr. Sôn yr wyti yr awron am ryw fŷd oddifewn, nid wi'n deall mor pethau hyn.

Colomen. *Mi ſoniais am hyn o'r blaen. Ond nid*
2 Tim. 3. 6, 7. *yw rhai yn deall er dywedyd deirgwaith yr un peth, am fôd y cnawd fel ſachlen ddû ar ffeneſtri'r meddwl. Rwyti o ddŷn ynghanol pôb naturiaeth, er nad wyt yn gweled. Na wrando ar y meſurwŷr cnawdol, ſy'n ſôn gormod am yr vn mîl ar hugain a chwechant o ſilldyroedd ſydd yn gwregyſu yr holl fyd, ac yn bwrw fôd tairmil o ganol gwaelod y ddayar ir wynebion, a phedwar myrddiwn oddi ymma i'r haul, a phedwar vgain oddi wrtho ef i'r wybren, ac oddi yno i'r néf*
Rhuf. 10. 7, 8. *gymmaint ac i'r ddayar. Ond mae gair y ffydd yn Sŵnio ynot ti. Mae'r Drindod gyda'th di. Mae paradwys ac vffern drwy bôb lle, fel y dywedais i o'r blaen.*

Eryr. Er a ddywettech di. Nid yw hyn yn mynd i'm pen i, nag im calon chwaith. Ar pen yw drws y galon. Pa fodd y mae i ddyn feddwl heb gamfeddwl am y pethau hyn?

Colomen. *Ni all fôd ond vn anfeſurol, A hwnnw*
Jer. 23. 24. *am i fôd ef yn berffaith, rhaid iddo fôd ymhôb man ar vnwaith, ac yn llefaru wrth bawb yn waſtad, yn clywed. ac yn cynnal pôb peth ar vnwaith, nid rhan o hono ſydd ymma, a rhan accw, canys nid oes mor rhannau ynddo. Ond mae fe i gyd, ac yn gwbl, ac yn hollawl ymhôb man ar vnwaith. Am hynny y galle Moeſen chwedleua ag ef wyneb yn wyneb. Canys yr oedd yr holl Dduwdod o flaen ei lygaid ef. Ond ni wêl nêb hyn*
Math. 11. 27. *ond y meddwl ysbrydol. Fel na ellir gweled yr haul ond yn ei oleuni ei hunan. Pwy ſydd yn gweddio? neu pwy ſydd yn pregethu? neu yn rhoi trô yn y bŷd, ac yn gweled fôd yr holl Dduwdod i gyd, ſef y Duw mawr ai holl olwg arno? ac yn deall mai lle y mae ei gariad ef, yno y mae bywyd a pharadwys, ac lle mae ei ddig*

Arwydd i *annerch* y *cymru.*

*ef, yno y mae angau ac vffern. Hwn yw'r Duw
anfefurol bendigedig byth, yn ymlonyddu ynddo ei* Rhuf. 11. 36.
hunan, ac iddo fe bo'r glôd ym mhôb man yn dra- Deut. 28. 58.
*gywyddol. Ni ddyle ddyn fôn am ei enw ef heb
barch a chrynfa, canys ynddo y mae pawb yn fôn am
dano. Oi flaen ef y mae'r nefoedd yn diangc, a char ei* Dat. 6.
fron ef y mae'r angelion fanctaidd yn ymguddio, Ond Efay 6.
mae dynion fel anifeiliaid direfwm vffernol, yn rhuo, Rhuf. 3. 14, 18.
*yn anghofus yn cablu, yn camarfer y gair, yn tyngu,
yn drwgfeddwl, yn mellditho, yn rhegi eraill ai
heneidieu ei hunain, heb weled fôd y tân aniffoddadwy
wrthynt ac ynddynt. Ac mae rhai eraill (Druain) yn
edrych am Dduw o hirbell, ac hefyd yn gweiddi am
dano oddiallan, heb weled fôd ffynnon a gwreiddyn
ynddynt yn ceifio tarddu a thyfu drwyddynt. Canys* Joan 1. 9.
mae fe gyda phôb dŷn er cynddrwg yw, yn goleuo pôb Eph. 4. 6.
*dŷn ar fydd yn dyfod i'r bŷd, ond er i fôd ef drwy
bawb nid yw fe yn cael aros ond yn ymbell vn. Y
Sawl fydd gantho glûft i wrando, gwrandawed.*

Eryr. O Golomen. Onid wyti yn blino bellach a fiarad am y pethau hyn? Ni fynnwn i mo'th flino di chwaith.

Colomen. *Edrych di ar dy ragrith, ond dydi dy
hun fydd yn ceifio efcus? Nid wyti nês er blino, nac
er rhagrithio, ac ymefcufo. Nid oes dim blinder arnafi,
Pethau nefol yw fy mywyd. Ac fe am gwnaed i o bwr-* Job 23. 12.
*pas i ddwyn tyftiolaeth. A rhaid i bôb lleftr wafanaethu
yw ddiwedd ai ddefnydd. Nid yw'r angelion yn blino
yn canu, ac yn canmol. Ac yr ydychwi yn gweddio.
Gwneler dy ewyllys ar y ddaiar fel yn y nêf.*

Eryr. Onid oes (er hynny) rai o honochwi yn fwrthdrymion?

Colomen. *Yr ewyllys fydd barod ond y cnawd fydd* Mat. 26. 41.
wan, Nid yw'r dyn gwan yn blino ar ei fywyd, ond ar

Arwydd i *annerch* y *cymru.*

ei glefyd, ac eifiau bôd yn gryfach, ac mae nerth newydd
Efay 40. 30, 31. *yn defcyn ar y llefcaf os difgwiliant am dano oddiuchod, y gwan a faif, a'r cryf a fyrth.*

Eryr. Ond beth meddi di a wna dyn fy'n barod i ymollwng dan ei feddwl, ac i orwedd dan ei faich yn ddigalon?

Colomen. *Nhwy ddywedant, nad trom ond y ddaiar, ac er trymmed yw hi, (er ei hoed) mae Duw*
Efay 40. 28. *yn cynnal i fynu y ddaiar ai holl gyrrau ar ei air ei hunan, ac heb chwyfu na dyffygio. Edrych dithau arno. Hwn a ddichon gynnal dy galon dithau er trymmed yw. Hwn fydd yn gofod ei fraich dan ei*
Efay 40. 11. *ŵyn. Edrych a gwêl fel y mae efe yn dwyn oddiarnat yr hên nerth, ac yn rhoi i ddynan truan nerth newydd, ac yn i lenwi ag îrder newydd (fel y mae'r gwreiddyn tra barhatho, bôb blwyddyn yn danfon i'r canghennau ddail a ffrwyth newydd.) Canys yn y gwreiddyn y mae'r bywyd. Y Tâd Abraham a obeithiodd yn erbyn*
Rhuf. 4. 18. *rhefwm dan obaith, felly y gwnaeth Barac a Gideon a*
Heb. 11. *Habbacuc, ac Efay, a llawer eraill yn ddiweddar, ac yn yr oes hon. fe fyddai rŷ hir i ti glywed y cwbl, Ond gwŷch gan bawb fôn am y peth y mae efe yn byw*
Dih. 16. 3. *ynddo, ac arno. Oni elli di ddwyn i fynu dy ffyrdd a'th*
Pf. 55. 22. *feddyliau, Treigla dy holl hunan ar yr Arglwydd, fef*
1 Pet. 5. 7. *arno neu tuag atto o'r hyn lleiaf, ac efe a'th gynnal di dan y maen melin. Ac os myn y Tâd rhaid i ti berchi ei fâb ef yn y cwppan chwerw er mwyn llâdd y pechodau, Rhaid yw bôd yn fodlon i orwedd yn farw yn ei fedd ef cyftal ac i eiftedd yn ei gadair, Mae cûr y meddwl yn byfygwriaeth, y mae Duw yn i roddi i rai y mae efe yn i garu, i dynnu i lawr ei balchder. Hiliogaeth Duw yw ysbryd dŷn, ac mae Tâd yr yfbrydoedd yn i cofbi; cwympa dan ei draed ef, ac di gei*
Heb. 12. *gyffur.*

Eryr. Mi welaf fôd y Golomen yn hedeg heb

Arwydd i *annerch* y *cymru*.

flino mewn daioni, er bôd eraill fel yr hwiaid yn fuan yn cwympo i'r pyllau. Gwyn ei bŷd y rhai fydd heb ddyffygio wrth hedeg vwchlaw'r bŷd ymma.

Colomen. *Onid wyti (O Eryr) yn vn o'r rheini?*

Eryr. Nag ydwyf etto yfywaith. Nid oes flinder wrth ofer-fiarad, ond buan yr wyfi yn blino wrth fôn am bethau nefol. Ac er hynny tra fwyfi yn dy gwmnhi di mi debygwn fôd rhyw fâth ar ddifyrrwch ysbrydol yn fy nwyn i ymlaen.

Colomen. *Am hynny Glŷn ynghymdeithas y rhai nefol: Hawdd yw adnabod rhagrithiwr wrth ei gymdeithion. Safnau diafol yw cymdeithion drŵg, yn* Dih. 22. 24, 25. *llyngcu meddyliau'r gwirion. Gelod penagored yw'r* Dih. 1. 14, 15. *gwŷr cyfrwyfddrwg, yn fugno'r meddwl yn ddiftaw i* Dih. 4. 14. *vffern allan o'i gôf ei hun, ac allan o gariad Duw. Ond am gwmnhi da di a glywaift o'r blaen faint a ddywedodd y gigfran yn i erbyn. Mae yn ficr Efrau ymyfg y gwenith, ac mae etto wlŷdd ymyfg y llyfiau, a Judas ymmyfg yr Apostolion, a nadroedd dwfr ymyfg y pyfcod, Ond er hynny Gwae a wrthodo dda am fôd drŵg wrth ei yftlys, a gwae a gamgymmero y naill am y llall.*

Eryr. Ond ni welafi etto vn Eglwys bûr i mi i vno gyda hi: Nid oes vn yn gwneuthur daioni, nag oes vn. (ac er hynny mae vn a hwnnw meddi yw Chrift.) Ond dywaid y gwîr fydd dan y llenn, Onid yw'r Eglwyfydd newyddion ymma cynddrwg a'r eglwyfydd plwyfol gynt?

Colomen. *Mi ddywedais o'r blaen fôd llawer yn medru lleifio fel colomennod, ac fel cigfrain hefyd. Mae yn yr eglwyfydd lawer o adar eraill, mae'r wyddwalch, a'r forwennol, a'r barcud, a'r gog, a'r gwalch, a'r dylluan, a'r gogfran, a'r biogen, a'r gornchwigl, a'r*

Arwydd i annerch y cymru.

Lefit. 11. yſtlym, a'r crŷr, a'r nôs frân, a'r fulfrân, (a'r cyffelyb bobloedd) a'r rhai hyn wrth y gyfraith adar aflan ydynt oll. Mae hefyd yſbryd y golomen yn ei myſg yn
Act. 7. 51. yr eglwyſydd, ond mae yſbryd y bŷd yn taflu cerrig atti.

Eryr. Ond beth a ddywedi am yr yſcuthanod a'r cyffelyb rai ſydd yn debig i chwi eich hunain?

Colomen. *Nid yw Moeſen yn i galw nhwy yn aflan, er bôd gwahaniaeth. Nid wyf finnau yn i barnu, Ond yn dwyn ar gôf, nad ſidan yw'r carth meinaf,*
Barn. 12. 6. *nid aur pôb diſclair, Nid Gilead yw Ephraim, Nid Aſhdod yw Siɔn, ac nid gwiw noſio a boddi wrth y*
Act. 26. 28. *lan, Nid gwell rhedeg, a blino cyn diwedd. Nid nes*
Mat. 24. 13. *dŷn er iddo gychwyn o'r Aipht a chael i lâdd yn y diffaethwch drwy anghrediniaeth. Roedd gan Iach-*
Joan 7. 3. *awdur y bŷd rai ceraint yn ôl y cnawd ai gwatwarent ef, Mi ddywedais, fôd Duw wedi rhodio drwy dair*
1 Bren. 6. *Teml yn barod, ſef y Deml ynghaerſalem o waith Salomon, (a honno oedd dywyll i'r yſbryd a diſclair i'r*
Joan 2. 21. *cnawd) yr ail oedd Teml corph y mâb a ddiniſtriwyd, ac a gyfodwyd yn ogoneddus yſbrydol; y drydydd oedd*
Act. 2. *yr eglwys wych ymrheſenoldeb Duw gyda'r Apoſtolion; a'r eglwys neſaf yw Caerſalem newydd, yr hon a*
Dat. 21. 10, *gynnwys ynddi yr hên deſtament a'r newydd, ac eiff tu*
12, 14. *hwnt i'r ddau.*

Eryr. Ond (yn bennaf peth) dangos i mi beth yw'r bedwaredd Deml, Canys mi welaf bawb agos wedi blino ar y temlau a'r gwaſanaeth ſydd etto.

Colomen. *Y Deml olaf yw Duw mewn dynion yn*
Dat. 21. 22. *ymddangos, a dynion yn ymddangos yn ei enw yntau,*
Tit. 2. 13. *Pan fo dynion yn addoli Duw ynddo ei hunan, ac nid mewn cyfarwyddyd dynion, a Duw ei Hunan yn oll yn*
1 Cor. 15. 24. *oll ynddynt, ac iddynt. Canys hyd yn hyn y greadwriaeth a gyſcododd y Creawdwr. Ond pan ymddangoſo*

Arwydd i *annerch* y *cymru*.

y Duw mawr fe ddiflanna y creaduriaid. Mae fo drwy bôb peth erioed, ond nid oes mo yſbrydoedd dynion ar y ddayar yn i ganfod ef etto yn oll yn oll, Ond yn chwennych y wiſg yn hytrach na'r hwn ſydd yn aros Rhuf. 1. 24. *ynddi. Cyn gwneuthur y bŷd nid oedd ond Duw yn ymddangos iddo ei hunan, ac wedi difa'r bŷd ymma ni* 2 Theff. 1. 10. *ryfeddir nêb ond Duw. Rhai a wêl ei ddigofaint, ac eraill ei gariad ef byth. Y dyn na welodd Dduw mewn meddwl yſbrydol ni addolodd hwnnw mo Dduw ei hunan; Ond yſbryd y bŷd mawr yn ei le ef y mae y* Joan 4. 22, 23. *rhan fwyaf yn i addoli. Mae'r amſer yn agos na bydd gan ddynion na goleuni, na hyfrydwch, na thywyſog, na bugail, na phorfa, na thai, na thiroedd, na meddiannau, na gorphwysfa, na chyfoeth, na gwybodaeth, na bywyd, na dim ond Duw ei hunan, ac efe ſydd ddigon, fel y dywaid y ddihareb. Heb Dduw heb ddim Duw a digon: A'r rhai ſydd yn byw heb Dduw, ni bydd ganddynt ddim pan loſcer y bŷd ymma ond ei pechodau, a'i gwewyr tragywyddol yn ei cydwybodau ei hunain. Am hynny edryched dŷn ar ba beth y mae fo yn goſod ei galon. llawer o demlau yw'r achos o lawer o ymryſonau, llawer o opiniwnau a adeiladaſont lawer o Demlau, Ond yn y diwedd ni bydd ond vn deml i'r holl rai Duwiol, ac ni bydd yr vn i'r rhai annuwiol. Teml Duw yw corph ei fâb: Teml y mâb yw ei* Col. 2. 9. *yſbryd anfeſurol, (canys yn ei yſbryd ei hun y mae fo yn byw ac nid allan.) Teml yr yſbryd glân yw* 1 Cor. 6. *plant y deyrnas, ai teml nhwythau yw Duw, yr hwn yw y cyntaf a'r diwethaf, ſef yr holl yn oll. Y ſawl a fynno fodloni Duw, arhoſed yn ei fâb, Y ſawl a fynno ddilyn y mâb, rhodied yn ei yſbryd. Blin gan ddyn* Gal. 5. 16. *gael i ddiddymmu ai ddiddyfnu iw ddiddanu, Ond y ſawl ſydd ganddo glûſt i wrando, Gwrandawed.*

Eryr. Di foniaiſt am glûſt i wrando vnwaith o'r blaen. Onid oes gan bawb glûſt i wrando?

Arwydd i *annerch* y *cymru.*

Zach. 2. 13.

Colomen. *Mae llawer o leifiau ynghalon dŷn. Mae fŵn y bŷd a'i newyddion, a'i drafferthion, a'i bleferau, a'i ddychryniadau. Mae hefyd o'r tu fewn i ftafell y galon fŵn meddyliau, ac anhymerau, a llanw a thrai cnawd a gwaed. Ac fel hyn y mae'r enaid truan (fel lletty'r meddwon) yn llawn dwnndwrr oddifewn, y naill chwant yn ymgoethi a'r llall, Neu fel ffair neu farchnad fawr llei mae trŵst a fiarad a bloddest yn llenwi heolydd y dref oddifewn. Dymma'r achos na ŵyr dyn hanner ei feddyliau ei hun, ac nad yw fo yn clywed yn iawn beth y mae ei galon ef ei hun yn i ddywedyd.*

Eryr. Ond pa fôdd y mae i feddwl dyn gael llonydd?

Efay 26.

Colomen. *Wrth fynd i mewn i'r ftafell ddirgel. a'r ftafell honno yw Duw ei hunan o'r tu fewn. Ond tra fych di yn gadel i'r meddwl redeg allan drwy'r llygaid a'r fynhwyrau, neu yn edrych oddifewn ar luniau a delwau y peth a welaist neu a gofiaist.*

Gen. 19.

Mae'r meddwl fel Lot yn gadel ei dŷ i ymrefymmu ar Sodomiaid, nes i ysbryd Duw dy gipio di i mewn i ymddiddan a Duw yn ftafell y galon. A thra fo'r meddwl fel hyn o'r tu allan mae diafol o'r tu fewn yn rhwyftro y meddyliau i ddychwelyd i mewn i Dduw:

Ezec. 6. 9.

ac felly mae'r enaid truan yn rhodio oddicartref, yn gweled, ac yn chwennych y naill beth a'r llall oddi allan, heb weled pa fath Dduw fydd oddifewn. Ac yr awron (O Eryr) Gâd i mi ofyn i ti. A wyt ti yn gofyn, ac yn dywedyd pôb peth (dybygi di) o eigion dy galon?

Eryr. Mae'n erbyn fy ewyllys i etto ddangos fy holl feddwl i nêb.

Luc. 12. 2.
Job 34. 21, 22.

Colomen. *Ond Gofod at dy galon, nad oes dim dirgel, ar na fydd amlwg, Canys mae pôb peth o flaen wyneb mawr golau Duw ai Angelion, a cher bron*

Arwydd i *annerch* y *cymru.*

*milioedd meddyliau'r gydwybod. A'r hyn a fiſſier yn
y glûſt a bregethir ar bennau'r tai ynghanol y march-
nadoedd. Yr hyn a feddylio dŷn wrth orwedd ar ei
welŷ a gyhoeddir yn y ffurfafen. Er cynted y dyweder
gair mae fo wedi i brintio yn yr awyr, ac mae'r* Eſay 29. 15.
*angelion yn i yſdyn ef i'r bŷd arall (yr hwn yw'r
naturiaeth neſaf yn dy gymydogaeth.) fe ddaw i
oleuni diſclair yr holl ddirgel ddychmygion, a'r llen* Preg. 12. 14.
*gynghorion, a phôb bryntni cornelydd, a difyriad
cnawdol, a llofrudd a lledrad a llechiad ffalſter, a
thywyllwch, a phôb gair ſegur (fel y clywaiſt di) i'r
farn. Ond ni all dŷn roi cyfrif am vn peth o fil, er
hynny rhaid yw rhoi cyfrif. Deall di hefyd fôd
pôb peth ynddo ei hun yn eglur yn barod, nid oes
ond cnawd, ac amſer a meſur daiarol, yn rhwyſtro i'r
naill wybod meddyliau'r llall, a phan dorrer y rhain,
fe gaiff pawb weled y ſymudiadau ſydd oddifewn. Ac
yno fe gaiff pawb glôd neu gywilydd o enau Duw.* 2 Cor. 5. 10.

Eryr. Ond er hynny Mae llawer peth a ŵyr
dŷn na ddyle fo moi ddywedyd, a llawer gwîr drŵg
i ddywedyd.

*Colomen. Gwîr yw. Am hynny na ddywaid air
wrth nêb oni bydd iw lês. Pam y troit dy dafod yn* Eph. 4. 29.
ofer mewn lleferydd yr hwn a roddwyd i ti, ac nid i Col. 4. 6.
*anifail? Ond er cyfrwyſed a fo dŷn, cofied a chan-
fydded fôd y bŷd yn gweled peth, a'r angelion lawer,
a'r gydwybod fwy, a Duw yn gweled y cwbl ar
vnwaith.*

Eryr. Ond pa fôdd y gall vn ganfod y cwbl ar
vnwaith?

*Colomen. Di weli fôd yr haul yn edrych ar yr holl
wlâd ac ar bôb peth ynddi ar vnwaith, mwy o lawer* Pſal. 19. 6.
*y cenfydd yr hwn a wnaeth yr haul heb yr haul. Oni
chlyw yr hwn a wnaeth y glûſt (heb glûſt?) Ac oni*

Arwydd i *annerch* y *cymru.*

Pſal. 94. 9.   *wêl yr hwn a luniodd y llygad heb ganwyll y llygad cnawdol? Ped fai dŷn yn canfod fôd y Barnwr mawr yn gweled ei holl feddyliau ai drofeŷdd ai lwybrau oddifewn ac oddifaes, ni pheche efe byth. Ond mae Luciffer yn cadw mwgwd y cnawd ar lygaid meddyliau Dyn, na chaiff ef ganfod mo hono ei hun nes i bôd hi yn rhŷhwyr.*

Eryr. Ai rhŷhwyr vn amſer i ddyn wellhau?

Zep. 3. 2, 3.

Eſay 65. 1.

Colomen. *Mae'n rhywyr i lawer y foru. Am fôd Heddiw yn rhŷ gynnar ganddynt. Ar Sawl ſy'n troi, ſy'n dychwelyd weithiau heb wybod iddo ei hun. Cafwyd fi (medd y Goruchaf) gan y rhai nim ceiſiaſont.*

Eryr. Beth os caledir calon dyn heddyw, onid yw yn rhŷhwyr iddo geiſio troi y foru?

Heb. 3.

Colomen. *Y Sawl a galedir vnwaith drwyddo, ni chais ef byth yn iawn ddychwelyd, nes i fôd ef yn y pwll o'r hwn ni ddaw nêb allan byth.*

Eryr. Ond pa fôdd y caiff dŷn adnabod dydd ei iechydwriaeth.

2 Cor. 6. 2.

Preg. 12.

Colomen. *Tra fo'r adar yn canu, Tra fo'r felin yn troi, Tra fo'r gwynt yn chwythu. Tra fo'r hayarn yn dwymyn, Tra fo'r awr hon yn parhau. Tra fo'r meddwl yn ymgeiſio, Tra fo'r gydwybod yn rhybuddio. Cyn diffyg yr anadl, Cyn cau porth y ddinas, Cyn hedeg or enaid, Cyn torri o'r edef, Cyn cwympo'r pren. Cyn caledu'r ewyllys. Cyn ſerio'r gydwybod, Cyn diffodd y ganwyll. Cyn paſſio y farn, Cyn i heddyw ddarfod. Cyn i'r munud ymma fyned heibio. Dychwelwch O blant Dynion. Pa hŷd yr oedwch gymmeryd bywyd?*

Eryr. Mae llawer yn Sôn am gael i dal ai cym-

Arwydd i *annerch* y *cymru.*

meryd ar awr dda. Onid oes awr dda i bôb vn oddiwrth y Planedau?

Colomen. *Mae'r Planedau yn rheoli y meddwl anifeiliaidd cnawdol nes iddo fynd allan or corph oddi* Job 38. 33. *tan yr haul. Ond mae'r dyn difrif ysbrydol vwchlaw'r holl blanedau yn ei feddwl yn barod, er bôd ei gorph ef etto fel anifail. Ir dyn cyndyn nid oes vn awr dda, nag ir dyn nefol vn awr ddrwg.*

Eryr. Ond mae ein Henafiaid ni wedi dangos i ni yn y gwrthwyneb, ac mai da yw ymgroefi.

Colomen. *Nid gwiw croefi'r talcen, pan fo'r ysbryd aflan yn y galon. Mae arwydd y groes yn ynghalon y dyn ffyddlon, yn croefi ei chwantau ac yn llâdd ei natur lygredig, ac yn newid ei feddwl dyna'r Groes fy'n achub dyn rhag pôb drwg. Ond Deall nad iw'r dyn* Gal. 6. 14. *fy'n ofni Duw yn ofni'r planedau (mwy nag y mae vfdus ar y faingc yn ofni y rhai fydd dano) canys mae'r dyn duwiol yn rheoli pôb peth yn yr ysbryd gyda Duw* Hof. 11. 12 *ei hun. Ond mae'r dyn arall yn ofni ei gyfcod yn* & 12. 3. *fwy na Duw, am nad yw fo yn gweled drwy ffydd* Dan. 3. 16. *mor Goruchaf.*

Eryr. Ond Beth a ddywedi di am y Dewiniaid a'r dewiniefau? Oni wyddant hwy lawer peth dirgel?

Colomen. *Os ymroi a wna rhai i ddiafol, fe ddengys iddynt yr hyn a wŷr (gan ddyfcu ei blant mewn* Deut. 18. 10, *malais a drŵg) Ond ni wŷr ef ei hun mor holl gofpedig-* 11, 13, 15. *aeth fydd i ddyfod urno, Am hynny mae fo yn crynnu.* Jac. 2. 19. *O'r tu arall, y rhai fydd yn ymroi i Dduw a gânt i* 1 Joan 5. 18. *dyfcu ganddo, ac ni all yr vn drŵg gyffwrdd a hwynt, am ei bôd mewn bŷd vchel (mewn naturiaeth arall) yn rheoli gyda'r Oen, ac yn barod i farnu dynion ac Angelion. O Gwyn ei bŷd fydd wedi cael yr adgyfodiad cyntaf, canys ni all pyrth vffern ymhel ar rheini.* Dat. 2. 11.

Arwydd i *annerch y cymru.*

Eryr. Gwyn ei bŷd yn ficcr. Ond mae arnai ofn fy môd i etto dan draed naturiaeth cnawd a gwaed.

Colomen. *Dymma'r amſer i ti i ymgodi i'r vchelderau, ac i ddiangc rhag y gelyn wrth redeg dan groes Chriſt. Dymma'r dydd i dorri drwy'r cwbl; Dymma'r awr i fôd yn ddedwydd. Ac ô na bai pawb yn gweled ei tymmor, ac yn paratoi erbyn y nôs a'r gayaf ſydd yn dyfod ; Mae'r wennol ar cyffylog yn adnabod ei hamſer, a'r ŷch yn adnabod ei feddiannudd, ond mae dyn yn ffolach na'r aſſynnod gwylltion.*

2 Cor. 6. 2.

Jer. 8. 7.
Eſay 1. 3.

Eryr. Rhaid i ti ddangos yn helaethach pwy ſydd ddedwydd, a pha rai ſydd anedwydd. Canys mae llawer mâth ar bobloedd a galwedigaethau. Beth hefyd a ddywedi di am y Pyſygwyr, ac am y Gwŷr o gyfraith ? Di ſoniaiſt am lawer math o rai eraill o'r blaen.

Colomen. *Mae'r pyſygwyr yn llâdd llawer corph dyn drwy ei hanwybodaeth, neu o chwant arian (fel y mae llawer pregethwr yn llâdd eneidieu :) Ond mae'r Pyſygwŷr yn helpu rhai drwy rôdd Duw. Os clâf wytti, Dos yn daer at Dduw ; hefyd cais gan y rhai ſydd yn y ffydd ar ffafr nefol weddio droſot ti. Ac os cynghora Duw di, Dôs wedi hynny at y Pyſygwr. Ond na ddôs atto fo yn gyntaf rhag cael dy droi ymmaith yn ddiobaith. Ac am y Cyfreithwyr, Cofia mai fel ac y mae pyſygwr ffôl yn llenwi'r ſonwent yn llawon gyrph meirwon, a'r pregethwr aneallus yn llenwi'r Eglwys ac opiniwnau gweigion, felly y mae'r cyfreithwyr annuwiol yn llenwi'r gymanfa ac ymryſonau trawſion. Ac fel mai gorau cyfraith cytundeb, felly gorau ffordd yw dioddef cam, a bôd yn iſel ac yn addfwyn. fe ddioddefodd Duw fwy o gam ar dy law di nag yr wyti iw ddwyn oddiar law dy gymydog.*

Iac. 5.

Mat. 5. 39, 40.

Arwydd i *annerch* y *cymru:*

Eryr. Ond os goddeddaf fi bôb peth, Mae dynion mor anrhefymol, Nhwy dynnant fy llygaid i o'm pen o'r diwedd.

Colomen. *Difgwil am gyfiawnder nid oddiwrth ddynion ond oddiwrth Dduw, ac di ai cei yn ddiammau. Mae'r amfer yn agos iawn yn yr hon y caiff* Pf. 98. 9. *pawb ei eiddo. Nid yw'r cam y mae eraill yn i wneuthur a'th di ond fel pigiad chwannen wrth y cam ar gorthrymder yr wyti yn i ofod ar wddf dy enaid dy hun. Cofia hynny cyn mynd i'r gyfraith er dim. O mor chweinllyd anioddefgar yw llawer? Mor barod i'r gyfraith? mor amharod i'r efengyl? yr hon a ddyfg ddyn i roddi ei gochl i'r Sawl a ddycco ei fantell cyn cynhennu : Canys gwell yw dioddef y cam mwyaf, na bôd yn y gynnen leiaf. Ond bôd fel oen mûd dan law y cneifwyr, a mudan gwirion byddar* Efay 53. 7. *ym myfg y cyhuddwŷr.*

Ond gwae chwi'r cyfreithwyr, mae cyfraith a'ch yffa : Gwae'r cynhennus mewn gwlâd, Pentewynion Iac. 3. 16. *vffern ydynt. Gwae chwi Byfygwyr llofruddiog, mae llawer o'ch wedi mynd i'r lan arall yn eich erbyn.* Iob 20. 15. *Gwae chwi wŷr trawfion, yn llyngcu cyfoeth, Rhaid i chwi chwdu'r cwbl gyda'ch gwaed eich hunain. Gwae chwi yr vchelwŷr drwg ei fiamplau, yn llufco* Pfal. 10. 9, 10. *y tlodion ar eich ôl i ddeftryw. Pa fodd y rhowchwi* Job 24. 9. *gyfrif am eich tenantiaid truain? Beth a ddaw o honochwi pan dorrer a phan lofcer pôb peth vchel? Gwae bob pren mawr a phob pren bychan ar nad yw'n* Efai. 2. 12. *dwyn ffrwyth da. Mae'r tân wedi ennyn ynghymru,* Math. 3. 10. *Mae drws dy fforeft di (ô wlâd y Bruttaniaid pre-* Zach. 11. 1. *fennol) yn agored i'r eirias dân. Ac hefyd mae'r fwyall ar dy wreiddyn di. Oni ddygi yr awron ffrwyth da, fe a'th dorrir rhag bôd yn bobl. A Gwae chwi'r oferwyr,* Preg. 11. 8, 9. *fy'ngwario ei hamfer,ai hiechyd,ai harian,ai meddyliau* Job 11. 11. *tragwyddol mewn oferedd. Gwae di lafurwr anwyb-*

Arwydd i annerch y cymru.

Job 24. 5. *odus. Dy holl waith yw cloddio'r ddayar ai thrîn, a throi'r anifeiliaid yn y mynydd, ac nhwy a gymmerant i troi gennit ti, Am hynny, tyſtion ŷnt yn dy erbyn.*
Dih. 6. 13, 15. *Gwae di Ddarllenwr cyfrwyſddrwg, yr hwn wyt yn chwilio llyfrau i ganfod lluniau neu feiau. Fe genfydd*
Math. 23. *y Gwirionedd dy feiau di ac a'th farna. Gwae di Ragrithiwr yr hwn wyt yn ofni golwg dyn. Nid wyti yn ofni pechu yn y dirgel, Di gei dy farnu yn yr amlwg. Gwae di Gardottyn heinif, ſegurllyd, na fynni weithio er llês i nêb. Llês ni cheiſi, llês a golli. Gwae di gyd-*
Dih. 19. 15.
Dih. 6. 10. *wybod gyſclyd yr hon (fel ci mûd) wyt yn bradychu dy berchennog, mae amſer hîr i ti i vdo. Gwae chwi fy'n ymgyrchu ir dyrfa (yn hoyw eich ysbrydoedd) yn*
Jag. 5. 5. *bwytta ſiwgwr chwant y cnawd yngyrfa diafol, ac yn carowſio eich eneidiau. Ar fyrder ni bydd defnyn o*
Jer. 51. 39. *ddwfr i ti iw gael i oeri blaen dy dafod. Gwae chwi foneddigion drwg ſy'n llyfu chwŷs y tlodion, yn peri*
Amos 4. 1. *ich tenantiaid ochneidio, ac yn torri ei heſcyrn. Mae*
Mic. 3. 3. *amſer eich gwaſgfa chwi yn pryſſuro heb oedi. Gwae chwi offeiriaid mudion yn caru llwynogod, yn cyfarth defaid, cŵn deillion chwerwon, beilchion, diog, gwang-*
Eſay 56. 11. *cus, chwrnllyd, cyſglyd, llydlyd, drewllyd. Fe ach*
Jer. 23. *troir chwi oll allan or eglwys. A gwae chwi holl*
Math. 5.
Zach. 10. 1.
Pſal. 1. 3.
Jer. 29. 13. *hên Gymru ſydd etto heb i hadnewyddu. Ond Gwyn eich byd chwi ſy'n hiraethus am Dduw, chwi gewch eich llenwi ac efo ynddo iddo. Gwyn eich byd chwi rai diwyd ffyddlon parhaus, chwi a gewch fendith ar eich gwaith. Gwyn ei byd y Gweddiwyr diragrith, nhwy a gant i gwrando bôb amſer. Gwyn ei byd ai gwadant ei hunain, ni wâd Duw mo honynt. Gwyn*
Mar. 4. *ei bŷd a gywir hauant wenith Duw, hwy gânt fwynhau cnŵd yſbrydol. Gwyn ei byd y rhai ysbrydol,*
Pſal. 25. 14. *canys gyda nhwy y mae cyfrinach Duw. Gwyn ei byd y gwiliadwrus, ni chaiff diafol afel arnynt. Gwyn ei*
Pſal. 27. 14. *byd y diſgwilwyr diſtaw, fe ymwêl yr Arglwydd Ieſu*
Galar. 3. 26, 31. *a hwynt. Gwyn ei byd y rhai a ddioddefant dros yr*

Arwydd i *annerch* y *cymru.*

Oen, gyda'r Oen y teyrnaſant. Gwyn ei byd y rhai a 2 Tim. 2. 12.
*ddihunwyd ac a ddihun-anwyd, Byw a wnant yn Nuw
ei hunan. Gwyn ei byd a barhânt hyd y diwedd mewn
daioni, Anrhaethadwy yw ei cyflog hwynt. Gwyn ei* 1 Joan 3. 24.
byd y llêſg goſtyngedig torredig ei calonnau, canys Dat. 2. 10.
ynddynt hwy yr erys Duw. Gwyn ei byd y diniwed, Eſai. 57. 17.
ni all neb i niweidio. Gwyn ei byd blant bychain Phil. 2. 15.
Duw, mawr yw ei ofal am danynt. Gwyn fyd weiſion 1 Joan 2. 12, 13.
*grymmus y Tâd, eiſteddant i wledda, ar Oen ai gwaſ-
anaetha. Gwyn ei byd y rhai bodlon dioddefgar, nid
oes dim a all i cythruddo. Gwyn ei byd a arhoſant yn
iſel nhwy a godir yn vchel. Gwyn ei byd a nofiant yn
erbyn ffrŵd naturiaeth, nhwy ddônt i'r môr llei mae'r
ysbrydoedd ſanctaidd. Gwyn ei byd a wnelont bôb
daioni ar a wypont, nhwy gânt wybod a fynnont, a* Joan 7. 17.
*nerth newydd fel Eryrod. Gwyn ei byd a rodiant
gyda Duw (fel* Enoch*) Duw ai geilw ac ai derbyn o* Heb. 11. 5.
*fyſg dynion. Gwyn ei fyd y meddwl pûr llonydd, fe
edwyn hwnnw Baradwys a phren y bywyd. Gwyn ei* Math. 5. 8.
*fyd a ymprydio oddiwrth gnawdoliaeth, fe gaiff fwytta
Manna Duw. Gwyn ei fyd a wrthodo holl bleſerau'r
cnawd, efe a ŷf o afon Duw. Ac (mewn vn gair) Gwyn* Dat. 21. 7.
*ei fyd yr ailenedig. Hwnnw a anwyd i etifeddu pôb
peth. Duw ſydd yn Dâd iddo, ac yntau yn blentyn
anwyl i Dduw. Yr oen fydd ei oleuni, ac yntau fydd
oleuni yn yr Arglwydd. Ni all dim i ddrygu, ond* Dat. 7. 17.
pôb peth a gŷdweithia er lles iddo. Pan na allo ddal Eph. 5.
ei afael ar Dduw, fe ddeil Duw ei afael ar ei hâd ynddo Rhuf. 8. 28.
*ef. Fe gaiff orphwys byth ynghalon Duw (yr hon yw
ei fâb) pan fo llawer eraill byth yn ffrio ar y llechau
duon tanllyd, yn farw heb fyw, yn fyw heb farw yn
dragwyddol. Ond ni all yr ail angau niwed i'r ail-
enedig, ac nid oes dafod angel a all gyfrif yr holl
dryſorau ſydd ynghadw yn Nuw cyn dechreuad y bŷd
i'r enaid hwnnw. Ond efe ai cenfydd ac ai caiff, ai* 1 Cor. 2. 9.
waith ef fydd i cyfrif ai mwynhau yn dragwyddol.

Arwydd i *annerch y cymru.*

Wele'r awron, Dymma'r felldith a'r fendith. Wele dymma fynydd Ebal a mynydd Garizim. Dymma angau ac fel dymma fywyd. Dewis di (o ddyn) fywyd ac nid angau.

Eryr. Dywaid i mi. Pa fodd y cymmerai afael ar y bywyd?

Colomen. *Mae'r addewid yn perthyn i ti wrth dy henw os cedwi afael ynddi. Dy enw di (wrth naturiaeth) yw, Drygddyn, Anuwiol, y pechadur ffiaidd, creulon, Carcharwr, Dall Byddar, Ir rhain wrth ei henwau yn yr yscrythur y mae gair yr addewid. Je er bod yr enaid yn wann heb allel cymryd gafael ar y cyfammod, fe gymmer cyfammod Duw afael ar yr enaid. Canys yn enw'r mab y Caiff y cenhedloedd ymddiried. Ac os dywedodd ef y Cai di lynu yn y mab. Beth er dywedyd or gelyn na chai di? Nid gair y gelyn a Saif.*

1 Tim. 1. 13.
Rhuf. 4. 5.
Dat. 3. 17, 18.
Mat. 12. 21.

Eryr. Attolwg Dangos i mi, Beth yw'r cyfammod newydd?

Colomen. *Cytundeb rhwng Duw ai fâb dros ddyn, a rhwng Duw a dyn drwy waed yr Oen. Cariad yw Duw ac Ewyllys da at ddyn. Ac er darford i Ddyn i adel ef, a dewis y cythrel yn dywysog iddo yn ysbryd y bŷd mawr ymma, etto fe a glywodd Duw arno gymryd i fâb (ai galon anwyl) oi fonwes, ac fe ai rhoddodd i farw (fel gwenhithen yn y ddayar) i borthi llawer. Rhodd fawr anrhaethol yw Chriſt, a rhodd fawr yw llaw ffydd iw dderbyn, Ni all neb i phrynnu ond fe all y tlottaf i derbyn. Llawer a ddywedir ynghylch y cyfammod newydd, ac am hynny ni ddywedaſi ond hyn yr awron. Mai drwy rinwedd hwn y mae'r pechadur yn eiddo Chriſt, a Chriſt yn ei eiddo yntau: mae Duw yn ymroi drwy Ghriſt i ddyn, a dyn yn rhaid iddo ymroi drwy Ghriſt i Dduw. Ac felly*

1 Joan 4. 10.
Rhuf. 5. 8.

Joan 12. 24.
Rhuf. 8. 32.

Efay 55. 1.

Can. 2. 16.

Arwydd i *annerch* y *cymru.*

mae pôb peth ar sydd gan Dduw (oll yn oll) yn eiddo dyn, ac eiddo dyn pechadurus, sef ei holl ewyllys ai feddyliau yn eiddo ysbryd Duw. Eiddo fi (medd y Joan 17. 6, 10. *Tâd wrth Ghrist) yw'r eiddot ti. Ac medd yntau wrth y pechadur, Eiddo fi yw holl eiddo'r Tad, ac eiddo ti yw sy eiddo fi, am heiddo fi wyti o ddyn. Myfi a'th brynnais. Rhaid i mi dy gael a'th gymryd. A rhaid i tithau gael ffydd gennifi i'm cael ac im cymryd innau. Dyma swm y cyfammod newydd.*

Eryr. Ond beth yw'r ffydd ymma y sonir am dani?

Colomen. *Ysbrydoliaeth ryfeddol, nid yn unig i gredu mai'r Jesu yw Christ, Ond hefyd mai'r Christ* Eph. 2. 8. *ymma yw anwylyd a Brenin a Bywyd dy enaid ti : a* Joan 20. 28. *darfod i'r Jesu farw drossoti i fyw ynoti, ac ith* 1 Pet. 3. 18. *ddwyn yn ddioed at Dduw i'r gwreiddyn yn y drindod nefol, or hwn yr ehedodd dyn allan drwy gwymp Adda. Pan fo'r enaid yn canfod hyn iddo ei hun, ac yn cynnwys hyn ynddo ei hun, Dyna ddyn yn credu ychydig. Dyna ganwyll yn dechrau goleuo. Ni ddiffoddir mont.*

Eryr. Ond pam yr wyti mor fynych yn dywedyd mai Christ yw calon Duw'r Tâd?

Colomen. *Am mai ef yw bywyd, a dirgelwch, a* Joan 1. 18. *doethineb, ac anwylyd a chyntaf a diwaethaf, a phennaf ei Dâd (fel y mae calon mewn dyn.) Ac nid oes* 1 Cor. 1. 24. *yn ei galon ef ond ewyllys da tuag at bawb, heb ewyllysio fôd neb yn golledig. Er hynny pan wnelo dyn ddrwg yn erbyn Duw mae fo yn barod i feddwl yn ddrwg ac yn galed am Dduw, ac nid am dano ei hun, fel ped fai'r Goruchaf ar y bai ac nid dyn.*

Eryr. Er i ti ddywedyd mai da yw Duw, nid wyfi yn credu nad oes digter ynddo tuag attaf fi?

Arwydd i *annerch* y *cymru*.

Colomen. *At dy gnawd y mae digter, (a gwir yw hyn) Rhaid i ti adel iddo ddifa dy gnawd, rhag ith gnawd ti ddifa dy ysbryd, Ond at dy ysbryd nid oes ond cariad. A oes dim tywyllwch yn yr haul? neu eisiau ar berffeithrwydd? A wnaeth Duw niwed i ti erioed? Ond oddiwrtho ef y cefaisti bôb daioni? Ond efe a'th achubodd di oddiwrth lawer perigl? Ond hir y cŷd-ddygodd ef a'th di, er i ti boeri dy bechod beynydd yn ei wyneb ef? Ond efe a roddes y bŷd ai bobl ai fab ai fibl o'th flaen di, a llawer rhybudd cariadus i ti? A wyti (wedi'r cwbl) yn tybied mai meistr caled yw? Nid yw fo yn ceisio genit ti ddim ond y peth sydd dda ar dy lês dy hunan. Dywaid dithau fel y dywedodd gwraig Manoa. Pe buase Duw ar fedr ein lladd ni, ni buase fo yn gwneuthur cymaint drosom ni. Nid amser yw hi yr awron i ddigalonni. Wele, mae'r dydd yn codi yn ddisclair, ar Seinctiau yn gweiddi Hallelujah, ar pechaduriaid yn deffroi, ar anifeiliaid drwg yn rhedeg iw llochesau, ar blodau yn tarddu, ar haf mawr yn agos. Cyfod tithau i fynu yn galonnog, Roedd gan Dduw feddwl da attat ti pan ordeinie ef i ti gael byw yn y fath amser a hwn. Ni wyddost ti nad oes gan Dduw ddefnydd mawr mewn cariad iw wneuthur ath di yn dy genhedlaeth. Gwir yw y mynnai Diafol i ti feddwl yn ddrŵg am Dduw (i fôd ef yn dy gashau di,) fel y mae fo ei hunan. Ond Cofia i Dduw gymryd gafael nid ar natur angelion ond ar natur dynion, yn Hâd Abraham ac nid yn hâd Luciffer. Dywaid ti yn dy galon. Drwy nerth Christ tra fyddwyf byw, mi feddylia'n dda am Dduw. Er iddo fy lladd i, mi a lynaf wrth ei draed ef. Ac os daw meddwl i mewn (fel pellen danllyd) oddiwrth ddiafol Tafl hi yn fuan allan eilwaith at ei thâd, ac yno nid dy eiddo ti ond eiddo'r gelyn yw'r fâth feddyliau diffaith ar rheini, nid yw Satan ond fel Ceiliagwydd.*

Psal. 99. 8.
Job 36. 23.
Exod. 34. 6, 7.
Barn. 13. 23.
Heb. 2. 16.
Job 13. 15.

Arwydd i *annerch* y *cymru.*

Gwrthwyneba fo yn dy galon, ac fe a ddiangc oddi- Jac. 4. 7.
wrthyt. Swm dy holl ddlêd ti yw meddwl yn dda am
Dduw, ac yn ddrŵg am dy feddwl dy hunan, canys
daioni yw ef, a nŷth drygioni wyt tithau. Gwna
hyn nes i ti garu Duw yn anŵyl ddigon, ath gafhau
dy hunan yn anghymodlon fel y dylit.

Eryr. Ond yr wyfi yn clywed beynydd ryw
fŵn ynof, Mai cyfiawn yw Duw, mai cyfyng yw'r
porth nefol, mai colledig yw'r rhan fwyaf, mai aml
yw y rhagrithwyr, Mai anaml yw addolwyr y
Tad, mai taer yw'r gelyn, Mai diarfog yw dŷn,
Mai mynych y cwympais i fy hunan, Mai digym-
mar yw fy mhechod, ac mai cant i vn y cai fŷth
fôd yn gadwedig.

Colomen. *Dymma'r atteb. Wele mae'r drŵs i'r
bywyd yn agored etto. Na fydd ddiofal. Di elli* Efay 65. 1, 2.
*etto fyned i mewn i'r plâs gogoneddus tragywyddol.
Mae gwâedd oddiwrth Dduw drwy'r holl wlâd yn
gwahadd pawb i mewn er trymmed yw ei pechodau ac* Mat. 11. 28
*er amled fu ei cwympiau. A phan ddelych yn dy
ewyllys i mewn at Dduw, fe a rydd i ti arfau i
ymlâdd ar farph, ac a'th wna di yn daer ı dynnu i* Eph. 6
*lawr wrŷchoedd gardd y cythrael ynoti ac yn y bŷd.
Ac fe a ddyfg i ti addoli'r Tâd ei hunan yn ei yfbryd* Joan 4. 24.
*ai wirionedd ei hunan, drwy garthu allan y rhagrith
a'r ffalffeddwl, Ac yna di gei ŵybod dy fôd ti mewn
cyflwr cadwedig, wedi myned drwy'r porth i mewn i
gyfiawnder Duw'r hwn fydd eiddo pôb vn ar fy'n* Rhuf. 3.
*nefol gredu efengil Duw. Canys nid o ddyn ond o
Dduw y mae iechydwriaeth.*

Eryr. Mae hyn yn gyffurus iawn, ond er hynny
mae rhyw beth o'r tu fewn yn fy llâdd i. Beth a
wna vn colledig? A oes dim help iddo?

Colomen. *Rhaid yw dy lâdd di cyn dy iachau, a'th* Hof. 6. 1.

Arwydd i *annerch* y *cymru*.

golli cyn dy gael. Ac fel y daeth Immanuel o vwchder nef i waelod vffern, felly i ſwydd ef yw codi llawer o waelod Gwae i vwchder Gwynfyd. Mi adwaenwn vn y daeth Diafol atto, gan ddywedyd. Colledig wyt. yntau a attebodd. Gwir yw hynny. Ond (ebr ef) Gwir yw hyn hefyd. ddyfod Chriſt i gadw'r colledig. Dal dy afael ar yr edef honno. fe goſtiodd i Ghriſt ei fywyd i nŷddu hi i gadw dy fywyd ti. Carwr y

Mar. 2. 17. *pechaduriaid pennaf yw'r Arglwydd Goruchaf.*

Ac os coch fel ſcarlat yw dy bechodau, efe ai gwna

Eſ. 1. 18. *yn wynnach nar eira. Mae ei yſbryd ef megis ſebon*
Mal. 3. *y golchyddion yn carthu allan y llwgr dyfnaf. Ac fel y mae'r mâb yn rhâd, felly mae'r yſbryd hwnnw yn*
Pſ. 51. 12. *rhâd hefyd. Gofyn ac di ai cei. Hwn a eſyd yr olaf*
Luc. 11. 13. *yn gyntaf a'r bryntaf yn lanaf. Hwn a gymer wiail newyddion i'th geryddu di (yn dy gydwybod) allan o honot dy hunan. Ni ſyn ef i ti fôd yn vn or baſtard-*
Heb. 12. *iaid, ond yn vn o wir hiliogaeth Duw ; ac er mwyn hynny mae fe yn dy geryddu. Ac er cynted vnwaith y gwelych di waelod vffern dy galon dy hun, ac vwchder cariad Duw, a rhyfeddodau Paradwys, a chanfod Beth wyti, Beth a fuoſt ti, a Beth a fyddi di byth, ie meddaf pan ymglywech vnwaith ac eli ac olew ſerch mwynaidd y Duw tragywyddol, yn iachau briwiau'r*
Pſ. 147. 3. *galon ar gydwybod, yna di weiddi allan. Hallelujah : Moliant Duw a leinw'r hollfyd ; pwy ſydd debyg iddo ? Iddo fo bo'r moliant. Duw a doddodd fynghalon galed i, ac am dyſcodd i yn ſiriol i ganu iddo gydai holl ſeinctiau mewn yſbryd a nerth. Duw am carodd,*
Pſal. 40. 2, 3. Duw a'm cofiodd, Ceiſiodd, cafodd, cadwodd, co-dodd. Haul fy mywyd drwy farwolaeth, ffynnon fy yſbryd : Swm fy hiraeth, Gwreiddyn bŷd, a phen angelion. Tâd fy Arglwydd Carwr dynion, Ac o hono, drwyddo, iddo, mae pôb peth : Pwy all i chwilio ? *Ond pan fych di llawenaf fel hyn ym*
Pſal. 2. 11. *mharadwys Duw, yno Gochel fwyaf rhag i'r Sarph*

Arwydd i *annerch* y *cymru*.

genfigennus ddyfod attat a dywedyd wrthyt. Di elli 1 Pet. 5. 8.
*yr awron fôd yn ddiofal. Mae pôb peth yn dda.
Gollwng i mewn dy chwantau cyfreithlon naturiol
ynot i ymgymmyſgu ar deiſyſiadau nefol, ac wrth hynny
(medd y ſarph) di gei'r ddau ynghyd.*
  Ond dymma'r gwir, Wrth hynny di golli'r yſbryd Pſal. 30. 6, 7.
*pûr ar golomen, ac yn i le fe ddaw'r gigfran i mewn,
a'r llu o feddyliau duon amheus, anfodlon, temheſtlog,* Hoſ. 2.
ac yno Rwyti yn cwympo oddiwrth dy gariad ath Jac. 4. 4.
*briod cyntaf ac megis yn colli dy fywyd ath oleuni
anwyl ac yn putteinio yn dy feddwl gydag yſbryd
mawr y bŷd hwn, yr hwn hefyd ſydd yn chwennych
dy enaid tithau iw feddiant. Ni bu ddyn anllad erioed
yn chwennych morwyn brydferth, cymaint ac y mae
yſbryd y bŷd hwn yn chwantu dy enaid di, Canys fe* Jac. 4. 4.
*wyr bywyd naturiaeth i Dduw wneuthur dy yſbryd di
ar ei lun e hun, i fod yn forwyn iddo ei hun. ac na
ddylit ti ymlygru gydag vn creadur. Ac am hynny
os cefaist ti vnwaith flas ar air Duw, Gochel i golli, a* Heb. 6.
*mynd yn buttain yn dy feddwl i chwantau diafol, ar
cnawd brwnt, ar bŷd byr ymma.*

  *Eryr. Ond beth os cwympa dyn oddiwrth y
gofal ar hiraeth ar cariad cyntaf? A oes dim
gobaith o hwnnw?*

  *Colom. Coded hwnnw yn fuan. Cofied mai gwêll
yw bôd ymmreichiau mâb Duw nag ymdrybaeddu yn y* Hos. 2. 7.
cnawd. Gochel galedu dy gydŵybod wrth i mynych Ezec. 16.
*dwymno ai hoeri. Mae dy reſwm di (ô Ddyn gal-
wedig) ſel neuadd wedi i hyſcubo ai threfnu ai gol-
euo, Gwilia rhag i ſaith yſbryd naturiaeth lygredig* Luc. 11. 24.
*ddyfod i mewn eilwaith, rhag ir diwedd fôd yn waeth
na'r dechrau ; Drŵg ac erchyll yw dechreuad pechadur* 2 Pet. 2. 20.
*wrth i eni ir bŷd, ond mae diwedd rhai yn waeth wrth
i geni or bŷa. ô Cymmer ofal rhag i'th ganwyll
ddiffodd ar y ddaiar, rhag na bo goleuni ynot i ddangos*

Arwydd i *annerch* y *cymru*.

Pſal. 13. 3.
1 Cor. 16. 13.
Dat. 2. 25.

i ti i ba le yr ei di wrth farw. *Ond bydd ŵrol*; *Cynydda mewn gwybodaeth a goſtyngeiddrwydd a hyfdra gyda Duw. Dal y daioni a gefaiſt. Gâd ir hedyn mwſtard hedeg a thyfu ynot. Cadw allan y drŵg, a Gwaedda am help, ar Achubwr a neſha attat. Cofia weiſion Duw gynt, er amled oedd ei gwendid yr oedd ei meiſtr yn rhoi henwau parchedig arnynt. Sef, Noah berffaith, Abraham ffyddlon, Lot gyfiawn, Job ddioddefgar, Davydd llun calon Duw, Jonah y prophwyd, a Moſes addfwyn (yr hwn pan ddigiodd ſeithwaith fe a bechodd vnwaith). Am hynny, ymdaro di yn lew ar gelyn yn nerth yr Oen. Cymmer gleddyf llym angau Chriſt i ddarnio'r Sarph, ac i lâdd yr hên ddyn ynot. Os cwympaiſt, Cyfod, Ac os codaiſt Gochel gwympo. Nid rhaid i ti ymgadw rhag dim ond rhag y Pechod yr hwn yw gelyn Duw, a gefail diafol drwy'r hon y mae fo yn cymryd gafael ar y meddwl.*

Eryr. Adolwg Dangos i mi yn eglurach, pa beth yw pechod.

1 Joan 3. 4.

Colomen. Pechod yw troſeddiad y gyfraith, Amhuredd y creadur, croeſineb naturiaeth yn erbyn Duw. Gwrthwynebrwydd iw ewyllys ſanctaidd ef. Pechod yw pan fo'r meddwl yn chwilio am fodlonrwydd lle nid yw iw gael. Rhaid yw deall mai drwy bechod Adda y torrwyd naturiaeth yn ddarnau, ac mae Duw drwy'r darnau hyn (ſef drwy bôb peth) yn Bôd. Ar pechod yw ceiſio dedwyddwch yn y darnau hyn ond nid yn Nuw. Mae'r dŷn glwth yn chwilio am y daioni mewn bwyd, ar meddw mewn diod, ar balch mewn dillad neu ddoniau'r meddwl. Hefyd mae'r gwryw ar fenyw yn tybied fôd y perffeithrwydd yn y naill y llal, ac yn mynd drwy fryntni (o flaen wyneb golau Duw) yw geiſio, ond yn lle i gael yn cwympo ill dau i ffau y cythreuliaid. Canys nid mewn vn creadur, nac yn yr holl greadwriaeth y mae'r tryſor ar blodeuyn Daioni.

Eſay 55. 2.

Lu. 15. 16.

Phil. 3. 19.

Arwydd i *annerch* y *cymru.*

Mae'r wybren ar ddaiar, ar môr yn llefaru, Nid yw Job 28.
*ynom ni. Mae'r defnyddiau ar dyfnderau, ie ac
amſer hefyd yn dywedyd. Nid yw ynom ninnau. Di
elli gael y rhain heb gael Daioni, er i fôd ef yn ym-
guddio drwy'r cwbl ym mhreſwyliwr tragywyddoldeb.
Mae chwantau'r meddwl fel ſaethau, Pôb vn ar ſŷ'n
mynd heibio i Dduw pechod yw : ô mor aneirif iw'r
rheini ? Ac ni all dyn ond pechu tra fo ef yn aros
ynghanghennau naturiaeth, Hynny yw yn llygadrythu
ar y naill beth ar ôl y llall, heb ddychwelyd ir vndeb,
yr hwn yw Duw ei hun. A chymaint o ddyn ac ſydd
yn yſbryd Duw, cymaint a hynny ſydd heb pechu. Ac
yn fynnych mae enaid dyn yn pechu pan fo ei yſbryd* Pſal. 51. 6.
ef yn ymgadw yn bûr.

Eryr. Roeddwn i gynne yn barod i ffeintio, ond yr awron mae ynof beth nerth, (a chefn a chalon) i ymofyn ymhellach cyn ymadel. Adolwg dangos Beth yw y rhagoriaeth rhwng yr enaid a'r ysbryd yn yr vn dŷn ?

*Colomen. Yſbryd dyn yw'r tryſſor mawr, ar enaid
ſydd megis llong iw ddwyn o'r naill ir llall. Yſbryd
dŷn yw'r castell, ar enaid ſydd fel tref oi amgylch.
Yr yſbryd yw cynhwyllin y meddyliau, ar enaid yw
plyſcyn y rheſwm oddi allan : yr yſbryd (medd yr
yſcrythur) yw'r mêr, a meddyliau'r enaid yw'r cymalau.
Yſbryd dyn yw gwreiddyn y pren a rheſymau'r enaid* Heb. 4. 12.
yw'r canghennau. Mae enaid ym mhôb peth byw, a 1 Theſſ. 5. 23.
*math ar ddeall gan anifail, Ond nid oes yſbryd anfarwol
mewn dim ond mewn dynion ac angelion. Yr enaid
y mae dyn yn ei lun ei hun yn i genhedlu, ond Duw
yw Tâd (ac nid Taid) yr yſbryd. yr enaid rheſymol
yw hwylbren dyn ond yr yſbryd yw llyw y llong.
Weithiau mae yſbryd dyn yn rhodio (fel Dina) allan
yn rhodfeydd yr enaid, ac yno mae gwynt yſbryd y
bŷd hwn yn i gipio, Ond mae yſbryd dyn naturiol yn*

Arwydd i *annerch* y *cymru*.

Luc. 15. 17.   *waſtad allan o hono ei hun fel y mâb afradlon nes dychwelyd, yn cael i ddwyn ynghertwyn y cythrael, ac*
Eph. 2. 2, 3.   *yn dilyn ei chwibianiad ef yn y cnawd. Mae'r yſbryd fel tŷ Lot ar enaid yn cnawd fel heol Sodom. Ac fel y mae rhagoriaeth rhwng anadl dyn ai feddwl, felly y mae rhwng yr enaid ar yſbryd. Yr yſbryd yw neuâdd yr enaid, a'r enaid yw porth yr yſbryd. Dymma'r yſbryd (yn angau'r corph) ſydd yn eſcyn i*
Preg. 3. 21.   *fynu at gadair preſwyliwr tragwyddoldeb, pan ſo enaid anifail yn deſcyn i lawr, canys gwaed yw.*

     Deall hyn hefyd, wneuthur o Dduw ddyn ym
Pſal. .139.   *merion pôb creadur (megis cynhwyllin y bŷd mawr.) ſe anadlodd Duw oi enau ei hun ei anadl ynddo iddo, a hwnnw a bery byth. Ei yſbryd naturiol ſydd drwy gŷd-cynhulliad y ffurfafen, ai gorph or pedwar defnydd. Mae dŷn Duw yn gyfrannog ar ſer mewn tegwch, ar planhigion mewn tyfiant, ac ar anifail mewn ſynhwyrau cnawdol (y rhai yw'r enaid naturiol:) yn gyfrannog hefyd ar Angelion mewn deall tragywyddol, ac a Chriſt yn y natur nefol. Na chymer di moth dwyllo gan dwyllwŷr yr oes hon, ac na fydd ddierth i ti dy hun.*

     Di weli ynot dy hun ddau fâth ar feddyliau. Rhai dyfnion cuddiedig pwrpaſol dewiſedig anwyl (ſel aur yn y meddwl.) Mae rhai eraill yn gwêu i mewn ac allan drwy'r meddwl, fel dynion mewn llettŷ, ond nid ydynt yn aros ynddo. Di weli hefyd ſôd y naill feddwl ynot yn gwrthod y llall; ath ſôd ti yn meddwl llawer peth yn erbyn dy ewyllys. Gwybydd gan hynny, Agor dy lygaid a Gwêl, mai gwreiddyn yr ewyllys yw dy yſbryd, ac mai'r llall yw cyfraith dy aelodau. Mae'r enaid yn y bŷd ymma yn ſefyll yn y corph, ar yſbryd yn llechu yn yr enaid. Pawb ſy'n gweled corph dyn, a llawer ſy'n canfod yſcogiadau yr enaid, Ond ychydig yn dirnad yr yſbryd dirgelaf, ſef gwaelod y galon. Ni wel nêb hwnnw ond yſbryd Duw, yr hwn ſydd yn chwilio

Arwydd i *annerch* y *cymru.*

*pawb. Ymhellach; fel mai'r corph yw cyscod yr enaid,
ar enaid yr yspryd, felly di elli weled fel y mae dy yspryd
di yn bwrw'r holl ymporion (yr holl feddyliau naturiol)
fel gwagedd a gorthrymder yspryd i breseb yr enaid, ar
enaid yn bwrw yr ymborth corphorol i hopran y corph.
Mae tair néf yn gweithio ar dair rhan dyn, yr isaf ar
ein cyrph (fel y gwelwn beynydd) y ganol ar ein hen-* Job 38. 33
*eidieu, ar vchaf ar ein hysprydoedd. Yn yr yspryd
enaid a chorph yr ymddangosodd Duw ac y pechodd
dyn, ac y dioddefodd Christ. Mae rhinweddau dyn
naturiol yn ei enaid, ai bechodau yn ei yspryd, Mae
rhinweddau dyn ysprydol yn ei yspryd, ai bechodau yn
vnig yn ei enaid. Y Sawl ni adwaeno ei enaid ai yspryd
ni ddeall nai feddyliau'r dydd, nai freuddwydion y nôs.
Pam y mae rhyfeloedd mewn seinctiau oddifewn? am
fôd y drêf ar castell ymma yn saethu at ei gilydd.
Pam y mae ymrysonau ymysg ffyddloniaid? am fôd
enaid y naill yn ymosod yn erbyn yspryd y llall, canys
yr vn yw ei hyspryd hwynt oll yn Nuw. ond ni chytuna
ei heneidiau naturiol ai gilydd. Ac hefyd llawer dŷn
sydd yn newynu ei yspryd wrth besci ei enaid a rheswm
dynol. Mae tair rhan dyn yn ymddangos fel plant a
gweision ac anifeiliaid Iob, neu yn debig i dri mâb Noah
ai gwragedd. Neu fel tri phlentyn yn y ffwrn a mâb
Duw yn bedwerydd. Neu fel cyntedd y deml, ar lle
Sanctaidd, ar lle Sancteiddiolaf. Cofia dithau mai'r
tri hyn yw dy dyddyn ath etifeddiaeth di; Ac mae'r
yscrythr lân yn sôn yn helaeth ac yn synych am enaid
ac yspryd a chorph, er nad oes fawr etto yn deall hyn.
Ar rhai sydd yn canfod ychydig lewyrch ni chaniadhaed
iddynt moi draethu mewn iaith ddynol, Canys dyfnder
anfeidrol yw, Prin y ganwyd yr amser yn yr hon y
datcuddir hyn. Ond disgwil di yn ostyngedig am
Dduw, ac di gei weled rhyfeddodau tragywyddol ei
gariad ef, a bydd ddiolchgar am ychydig oleuni.*

G—1

Arwydd i *annerch y cymru.*

Eryr. Ond mae arnai ofn ysbryd Anghrift, rhag i mi dderbyn gâu athrawiaeth ac angel y tywyllwch yn rhith angel y goleuni; mae llawer dyſceidiaeth ddwfn ddierth ddyrus yr awron nad wyfi yn i deall.

Colomen. *Hawdd i blentyn y dydd adnabod Anghrift (Blaidd y nôs) fel y dywedais i o'r blaen,*
Mat. 7. 16. *wrth ei lais ai liw ai ddillad a thuedd ei fywyd.*
2 Cor. 11. *Mae fo yn newid gwiſg yn fynych ac yn dyfod yn*
Col. 2. *rhith goſtyngeiddrwydd a dyſceidiaeth a goleuni newydd, yn cymryd arno brudd-der neu lawenydd, a zêl i loſgi'r cnawd ac i fyw yn ysbrydol, ac er hynny Hunan yw Swm ei holl grefydd ef, Ei ewyllys ei Hunan a wna, ai feddwl ei Hunan a ſyn, ai ſynwyr ei Hunan ai harwain. Mae'n hawdd dy adnabod di (ô Sarph dorchog dwyllodrus) er dy fôd ti yn nyddu dy edef yn llawer meinach nag o'r*
2 Cor. 10. 12. *blaen. Rwyti yn ymffroſtio mewn rhinwedd a chrefydd ac opiniwnau o'r gwirionedd; rwyti yn ſon*
Dat. 13. *am yſcrythur ac awdurdod Duw, ond yr wyti yn byw mewn anghariad a chenfigen, mewn hyfdra cnawdol*
Math. 7. 3. *(yn barnu llawer cyn clywed barn Duw am danat dy*
Jer. 7. 4. *hunan) yn rhyfela, yn lladd, yn lloſgi, yn lledratta dan rith Duwioldeb, yn difetha'r defaid fel llwynoges, ac yn diangc i'th ffau, yn llechu yn dy ſynwyr dy hun, ac yn gwnio dail i guddio dy noethni. Wele llais y Goruchaf*
Pſal. 29. 9. *a'th ddychryna, a diſcleirdeb ei ddyfodiad a'th ddifetha.*
Preg. 7. 26. *Ar ſawl a addolo Dduw ei hun a ddiangc rhagot ti.*

Eryr. Ond beth a wna vn ſydd yn tybied yn ei galon nad yw ei holl grefydd ef hyd yn hyn ond oferedd cnawdol, a phennod rhagrithiwr.

Colomen. *Dechrau o newydd, a chymmer dy gyfrif*
Phil. 3. 13. *fel plentyn bach. Anghofia yr hyn ſydd or tu'n ôl er na wyddoſt nad oes gras Duw yn yr hyn a wnaethoſt. Oblegid yr un deyrnas ſydd yn gyntaf yn yr eginin ac*

Arwydd i *annerch* y *cymru*.

yno yn y dwyſen, ac yn olaf yn ŷd llawn yn y dwyſen. Mar. 4. 28.
Na farned neb ddydd pethau bychain rhag i fawr farn Zach. 4. 10.
*Duw gwympo arno. Di fuoſt mewn cyſtudd meddwl
yn yſbryd caethiwed mynydd Sinai, ac ar y bryn
myglyd erchyll hwnnw yr wyti etto mewn rhan, Ond
mae'r troed arall ar fynydd Sion. Cofia fôd cariad* 1 Joa. 4. 18.
Duw yn bwrw allan ofn fel y taflodd Sara Hagar *allan.
Mae cariad Duw yn toddi calonnau rhai yn llawer cynt
nai ddigofaint. Gochel iau y caethiwed. Ai vn o'r
Hagarenniaid a fyddi di yn dy ddiwedd ? Fe ddyle fod
ynot feddwl ſobr ſiriol diolchgar hyfryd gweddaidd
diniwed yn waſtad. Nid wyneb-pryd ſarrig, ſûr,
cymylog. Ond wyneb-pryd angel doeth diwyd diſtaw
di-gymyſg. Ac oni buoſt felly, Edrych a gwel. Mae'r
pren mawr yn blodeuo ynot ti ac eraill. Bydd felly o
hyn allan.*

Eryr. Er hyn i gyd, mi dybygwn nad wyti
weithiau yn atteb ond yn dywyll ac yn brin, a
bôd llawer o'r peth a ddywedaiſt ti iw roi heibio
cyn nemmor o amſer.

Colomen. *Cofia hyn* (O Eryr) *fod yr holl ymddiddan
ymma a fu rhyngom ni fel llyfr corn, neu A. B. C. i
blentyn ; Ond mae amſer a lle i bôb peth, Ac mae yn
rhaid rhoi llin ar lin a gorchymyn ar orchymyn i'r* Eſ. 28. 13.
*anneallus, a dyſgu i'r Baban Griſt Groes (yr hon ni
ddeallodd nemmor mewn nerth etto) Er hynny di
weli pafath waith a wna'r Goruchaf wrth yſgogiad
deilien. Fe alle drwy hyn y gweithia fo lawer
ynghalonnau rhai. Ond mae llawer dirgelwch iw
ddangos ar fyrder nad wyſi yr awron yn fawr Sôn am
dano. Ac meddaf nid yw hyn i gyd ond golygiad
mewn drych ar frŷs, neu roſſyn yn gwywo wrth i
arogli. Nid yw llyfrau a llythrennau ond fel gwellt,
Mae'r bywyd yn yr ysbryd nid yn y llythuren. A'r
ſawl ſydd ysbrydol a wŷr oddiwrth ba ysbryd y daeth*

Arwydd i *annerch* y *cymru*.

y pethau hyn, Ac nid gwatwarwr yw. Ond gochel di pwy bynnag wyt (er doethed meddant neu er duwioled) efceulufo dan dy berigl y peth a yfgrifennir ymma, neu ddarllain yn ddifraw, a: fwrw i gornel i rydu yn dy erbyn, heb i ddeall hyd y gwaelod, Canys mewn rhyw fannau mae dyfnion bethau Duw yn ymddangos, ac mewn eraill mae llaeth, ac megis chwaryddiaeth hefyd i'r rhai bychain. Ac weithiau rwi'n adrodd yr vn peth yn fynych drofto.

Er. Ond mae llawer o'r dyfcedigion nad oes ganddynt fawr bris (Dybygwn i) am y pethau hyn.

Colomen. *Taw fôn o'r diwedd. Nid oes ŵr o ddyfg yn y byd, nag oes un a fedr ddarllain holl ddalennau ei galon ai feddyliau ei hun. Nid yw'r Doctor ond anifail cyfrwys, nid yw'r yfcolhaig da (fel y gelwi di fo) ond aderyn coeg, Oni bydd rhôdd or nefoedd ganddo. Ac os bydd, Mae fo yn ifel ei feddwl, ac yn llefhau pawb mewn cariad, ac yn byw yn gyfion yn fobr ac yn dduwiol. Mae gwir ddyfg yn dyfcu dyn i fôd yn y bŷd ymma, yn ddiniwed fel plentyn, yn fuddiol fel dafad, yn ddiofal am y bŷd (fel vn yn huno ymmonwes y creawdr,) yn effro yn erbyn pechod, yn ddiwyd yn ei orchwyl, yn ddigenfigen oddifewn, yn llawenhau yn naioni eraill, yn llonydd dan waethaf dynion, yn ddioddefgar dan ddigofaint Duw, yn fodlon beth bynnag a ddigwyddo, yn nefol fel Chrift ei hunan, yn hyfryd mewn triftwch, yn galonnog mewn cyfyngder, yn hyf fel y llew, yn wirion fel colomen, yn gyfrwys er mwyn yr efengil, yn ffiaidd ganddo ei hun, yn blino ar flodau natur, ac yn brefu am Baradwys. Ac lle nad yw'r pethau hyn, nid oes yno ddim gwir ddyfceidiaeth.*

Eryr. Ond beth oni ddyfcais i yr vn o'r rhain etto?

Efay 44. 25.
Jer. 8. 8.

Tit. 2.

Arwydd i *annerch* y *cymru*.

Colomen. *Mi ddywedais o'r blaen, fôd Duw yn danfon ei holl blant ei hun allan oi tai ei hunain i yscol ei fâb. Ar sawl a ymroddo i'r mâb yn ei holl ewyllys a gaiff i wneuthur yn ddyscedig am deyrnas nef, a chlywed llais yn siarad oddifewn, Dymma'r ffordd Rhodia ynddi. Cyfod, medd* Jeremi, 1 *ti* Es. 30. 21. *arwyddion ffordd. Gosod it garneddau vchel i'th gyfarwyddo yn yr anialwch. Vn garnedd yw Gwybodaeth, ac lle ni bo'r garnedd honno mae'r dynion yn cyfeiliorni, Canys heb wybodaeth ni all y galon fôd yn jawn. Fe all fôd gwybodaeth heb ras (fel tânwŷdd heb dân) ond nid oes dân heb dânwydd. Carnedd arall yw Cariad at bawb. Llei bo hwnnw mae Duw yno, ac llei bo mae fo yn awyddus i wellhau pawb, ac yn ofalus rhag niweidio neb. Carnedd arall yw Gostyngeiddrwydd ac isder meddwl llonydd, dioddefgar, distaw; ar cyfriw a gânt i dysgu gan Dduw ei hun. Cyfiawnder yw carnedd arall, a heddwch oddiwrth gyfiawnder, ac oddiwrth heddwch llawenydd mewn ysbryd glân. Ar sawl a wasanaetho Ghrist yn y pethau hyn, a fodlona* Rhuf. 14. 17;18. *Dduw ac fydd cymmeradwy ym mysg ei blant. Dymma rai o'r Carneddi yn y mynydd i'th arwain i Ganaan. Edrych ar y pilerau hyn ynot a Dôs ymlaen, a chofia, Nad digon i ddyn fyned i ffordd dda, oni wyr ef ma: honno yw'r ffordd orau. Bydd ddistaw oddifewn, di gei ddeall pôb peth oddiallun. Na symmud chwaith nes codi o'r cwmmwl. Hawdd yw diwno'r ffordd* Num. 10. *fawr wrth geisio i mendio. Aros ymmhebyll Duw nes adeiladu plâs Caersalem newydd. Tanbaid yw zêl heb wybodaeth, ond cariad addfwyn golau sydd hyfryd.*

Eryr. Dywaid etto. Beth a dybygi di am holl opiniwnau a chrefyddau y Twrciaid, ar Papistiaid, a'r Protestaniaid, ar Lutheraniaid, ar Calvinistiaid,

Arwydd i *annerch* y *cymru.*

ar aneirif eraill o Secti yn yr oes ymma? Mi addewais hefyd i'r Gigfran ofyn i ti cyn diwedd ynghylch y llyfr gwafanaeth.

Gal. 6. 15.
Joan 3. 3.

Colomen. *Na fonia am lawer o grefyddau. Hên a newydd, a phôb vn yn barnu ei gilydd. Nid oes vn grefydd a dâl ddim ond y creadur newydd. Ac nid oes ond vn drws i mewn yno, a hwnnw yw'r ailenedigaeth yn enw Chrift. Fe fuafe dda i'r dyn nis caffo hi fod wedi i eni yn gi neu yn gâth, neu yn rhyw beth heb ysbryd anfarwol ynddo.*

Swm Duwioldeb iw, Câr Dduw a'th holl galon, a'th gymydog fel ti dy hun, Y dyn nad iw yn dilyn hyn, ni waeth o ba opiniwn y bo. Ar fawl a dybio iddo fedru hyn yn rhŷgl nid edwyn hwnnw mo wreiddyn y chwerwedd fydd yngardd ei galon ei hun. Ond i dwyllo ei hunan y mae. Mae'r opiniwnwyr yn ymrafaelio ai gilydd fel cŵn a môch, er nad fel cŵn a môch iw y rhan orau ynddynt, a thithe (O Ddyn cyfrwyfddrwg fegurllyd) vwchben vffern yn chwerthin am ei pennau, wrth i gweled yn taro yn erbyn ei gilydd yn yr entri dywyll, am i bôd heb na gweled na deall iaith ei gilydd. Ond o hyn allan. Gadewch ymmaith yr holl ymryffon tanbaid, anghariadus, rhyfelog, na wnaeth dda i neb erioed. A thewch a Sôn rhag ir cythreuliaid chwerthin, oni fedrwchwi ymrefymu mewn cariad ag addfwynder, a meddwl i ddyfcu llawer mewn ychydig eiriau bôb vn gan ei gilydd, ar cwbl gan Dduw. Ac am y llyfr Gwafanaeth, ni thâl ef fawr Sôn am dano. Mae hi yn llawn bryd iw gladdu, rhag i neb gael drwg oddiwrtho, yr hên bethau a ânt heibio. Wele, fe wneir pôb peth o newydd.

Eryr. Oni allafi gael gwybod. I ba le mae'r holl eneidiau yn myned pan ymadawont ar bywyd yma? Pan elont hwy vnwaith ymaith nid ydym ni yn clywed dim oddiwrthynt hw ond hynny. A

Arwydd i *annerch* y *cymru.*

aethant **hwy** ymhell neu yn agos neu ymha le y maent hwy?

Colom. O Eryr *angraff. I ba le mae'r ganwyll yn myned pan ddiffoddo hi ond iw hwybren danllyd naturiol ei hun? Neu i ba le mae'r tân ar gwrês or hayarn poeth yn mynd allan wrth ei roi mewn dwfr? Nid drwy'r genau y mae ysbryd dyn yn mynd allan or tŷ pridd, ag nid drwy'r genau y daeth yr enaid i mewn i'r corph ar y cyntaf, Canys peth pûr bywiog cyflym iw ysbryd meddwl dyn yn treuddio drwy bôb corph heb fymmud na chynhyrfu dim. O chwi rai deillion Agorwch eich llygaid a gwelwch, fod ysbryd pôb vn (wrth dorri o'r corph) yn aros yn y naturiaeth yn yr* Gen. 25. 8. *hon y bu fo byw. Os llygredig oedd y meddyliau llygredigaeth tragwyddol iw ei lettŷ. Mae naturiaeth cariad neu ddigter tragwyddol yn cynnwys ei holl blant ynddi, ac yn cipio gafael (fel fflam ar wêr) ar bôb ysbryd yn ôl ei anian. Ond ni wêl dyn moi gartref tra fo ei gnawd am dano; Mae dynion (meddaf) fel adar yn canu ar y pren heb feddwl am y gwreiddyn fydd ynddynt. Mae'r eneidiau fanctaidd a hunafont yn Nuw yn llonydd yn y golau diftaw ymhôb man o flaen ei wyneb ef o'r tu allan i drwft ysbryd y byd, yn difgwil am gynhyrfiad y corph drwy gyffrôad gwreiddyn naturiaeth. Ond mae'r ysbrydoedd colledig wedi torri edef y bywyd yn nhywyllwch meddwl digllonedd Duw yn rhûo ac yn ochain, Ond nid iw'r byd yn i clywed. Pam hynny? Am nad oes ganddynt hwy yn vffern mor llais tafod i lefaru, na chan y rhan fwyaf o honom ni gluftiau ysbrydol i wrando fef calonnau iw hyftyrio er i bôd nhwy yn yr vn natur a ni. Ond mae'r ffyddloniaid ymma yn gwybod iaith y Seinctiau yn y byd arall, ac yn canu yr vn Hallelujah i Dduw gyda hwynt, nid yn gweddio arnynt am fyned at Ghrift droftynt, canys mae fo ei hun yn nés attynt na feinctiau neu*

Arwydd i *annerch y cymru.*

Luk. 16. 26.

angelion. Ond am y defaid ar geifr yn y goleuni ar tywyllwch, Cofia fod Gagendor fawr rhyngddynt (fel rhwng Lazarus *a'r glŵth goludog) a honno iw y rhagoriaeth yn y naturiaeth dragwyddol. Fel rhwng melys a chwerw, neu rhwng da a drwg, y rhai er i bod yn yr vn lle, maent wedi i gwahanu yn ddigymod. A phan gwympo ysbryd dyn o'r corph i'r tywyllwch hwnnw, nid oes ganddo lygaid byth i weled y goleuni, na meddyliau byth am ddaioni. Ac o'r tu arall y rhai sydd wedi diangc i'r Goleuni Hwnnw nid oes fyth ganddynt feddwl am y tywyllwch. Am hynny Edryched pôb dyn, ym mha vn o'r ddau y mae ei feddwl ef yn byw tra fo ef yn y corph, canys ni ŵyr y colledig moi hanes ei hun.*

Eryr. O Golomen mi fyddaf mor hŷf yr awron cyn diwedd a gofyn i ti dy hanes dy hun. Sef Hanes y Golomen.

Colomen. *Mi ddywedais i ti ar y cyntaf ond ni ddeellaist. Rhaid yw torri plisfyn y ddammeg cyn cael y cynhwyllin, Er bôd yr yfcrythurau fanctaidd hefyd yn llawn Damhegion. Ar y cyntaf, mi fûm yn* Enoch *yn ymryffon ar hên fyd, ond nid oedd neb am derbyniodd ond* Noah *anwyl ai deulu. Wedi hynny mi ddaethym at* Abraham *ac yn y fan fe daflodd ymaith ei Refwm ei hun ac am dilynodd i drwy ffydd. Mi fûm yn ffeneftri yr holl Batrieirch a'r Prophwydi hefyd. Ag ar ôl y Prophwyd* Malachi *ni chefais i fawr le i ddefcyn nes dyfod* Joan. *Ond mi orphwyfais ar Jefu Chrift ai Apoftolion, ac mi a ehedais drwy'r eglwyfydd hynny. Ond cyn ymadel o honynt hwy ar byd, fe ddaeth Brân y nôs (fef ysbryd Anghrift) ac a gafodd gennad im herlid i. Ac yno mi a ddiengais i fonwes y Merthyron, ac yn y Tân yr oeddwn i yn i cyffuro hwynt. Ond yn ddiweddar mi ddifcynnais yn ffeneftriyr eglwyfydd newyddion, ac weithiau ar rai oi pregethwyr, er bod llawer o fudreddi*

Arwydd i *annerch* y *cymru.*

*yn ei nythoedd. Ac yr awron, Mae'n weddus bod yn
bryſſur, Canys fe ofynnir, Pwy iw y rhain ſydd fel cym-* Eſay 60. 8.
ylau ac fel colomennod yn ehedeg iw ffeneſtri ?

Er. Ond pa fath rai y mynit ti i'th ddynion di
fôd ?

Colomen. *Nid fel y genhedlaeth ſydd yn melldithio'r
Tâd, ac heb fendithio ei mam, neu yn lân yn ei golwg ei* Dih. 30. 11. 12.
hun, ac yn amherffaith yngholwg Duw. Nid fel y gen- &c.
*hedlaeth ſydd vchel ei llygaid a'i dannedd yn gleddyfau,
ai cilddannedd yn gyllill, i ddifa'r tlodion oddiar y
ddayar. Ond mi fynnaf im dyſcyblion i fod fel y mor-
grûg yn darparu ei llyniaeth cyn bod yn rhywyr, ac* Dih. 30. 24. 25.
fel cwnningod yn adeiladu ar y graig, ac fel locuſtiaid &c.
*yn cytuno i ymdrech ynghyd, ac fel y pryf coppyn gwael
yn dal ei gafel ar air y bywyd, fel y gallont felly aros
ymhlâs y brenin nefol. Ar rhai hyn a wneir mor ddi-
ddig na all dim i cyffroi, mor iſel na all dim i balchio,
mor hyfryd na all dim i triſthau, mor ſobr ni all dim i
ffoli, mor ddiflin na all dim i cloffi, mor bûr na all dim
i halogi, mor rhagorol na all neb fynd tu hwnt iddynt,
mor ddwys na all dim gloddio danynt, mor ſylfaenedig
na ellir i ſiglo, mor blantaidd na ellir i cyfrwyſo, mor
agored na ellir i cau, mor weddaidd na chaiff neb
gamair ganddynt, mor iſel na ddichon vn gwynt moi
hyſcwyd, mor vchel na all vn meddwl naturiol moi
cyrhaedd, mor gyfrwys ar ſeirph, ac mor wirion ar
colomennod. Ac ymhellach, mae rhai o honynt a
allant ddywedyd (drwy râs) i bôd nhwy yn marw i'r
byd yma, ac er hynny yn byw byth, yn llai na dim
ynddynt ei hunain ac yn fwy nar byd yn ei gwreiddyn,
Ar y dibin beynydd, ac er hynny yn ſefyll, heb wybod
dim ynddynt ei hunain ac yn deall pôb peth yn nuw,
yn llawn triſtwch, ond yn mwynhau canwyll llawenydd
digymmar, yn ymdaflu mewn tonnau, ond yn ſicr wrth
yr angor, yn gwrando ar bawb heb gredu vn dyn, ond*

Arwydd i *annerch* y *cymru.*

yn chwilio pôb peth, yn edrych ar y canghennau, ond yn byw yn y gwreiddyn, yn rhodio yn heol y byd yn yr enaid, ond yn ymgadw ymhlâs Duw yn yr yſbryd, yn llafurio yn waſtadol, ac er hynny yn gorphwys, yn ddiſtaw ar y ddayar, ac er hynny yn dyſtion i'r gwir, yn llawn o feddyliau ac megis heb feddwl am ddim, yn cael câs gan bob cnawd a chariad gan bob ysbryd da, yn ymdrech ar holl gythreuliaid ac yn ymgaredigo ac angelion Duw, yn clywed mwy o lais y byd nag a garant, a llai o leferydd y Tâd nag a ſynnent, yn chwilio gwaelod crefydd ac yn ymddangos ar yr wyneb yn ddiragrith mewn daioni, yn ymbriodi a Doethineb Duw ond etto heb i mwynhau yn hollhawl. Ac er amled ei pechodau, yn dyner ei cydwybodau, yn waeth nar gwaethaf yn ei golwg ei hunain, ac yn gyſtal ar gorau ymmantell yr Oen, ac yn debig i'r gwynt anolrheinadwy, ydynt yr hyn ydynt drwy ffafr y Goruchaf. O bydd un o honynt.

Eryr. Mae'r rhain wedi myned ymhell. Ond dangos i mi Pa beth y mae'r gwan yn ei myſg yn ei ddywedyd.

Colomen. Mae gweiniaid yn ſicr ymmyſg ffyddloniaid fel y mae wŷn ymyſg defaid, a thoſturus iw gwrando ar frefiad y gwan yn llefaru ac yn traethu. Wrth naturiaeth marw oeddwn, a phan welais i hynny mi a geiſiais fyw, ond nis gallwn nes i bob peth ynof ac om hamgylch farw i mi, Ac yno y collodd y creadur ei afael arnaf, ar munud hwnnw y cefais afael ar y creawdr, neu yn hytrach efe a ymaflodd ynof fi. Or blaen mi a glywais bregethau ond nid oeddwn i yn gwrando, mi ddywedais weddiau ond nid oeddwn i yn gweddio. Mi genais Pſalmau ond mûd oedd fynghalon. Mi Sacramentais ond ni welais gorph yr Arglwydd. Mi ymddiddenais ac a ddywedais lawer peth nid om calon mewn gwirionedd, nes i'r rhoſſyn darddu ynof.

Arwydd i *annerch y cymru.*

Ac wedi'r holl gynnwrf rhaid oedd diwedd or diwedd cyn dechrau, a marw cyn i'r wenhithen dyfu drwy fy naiar i. Fe fywhaodd y pechod ac am lladdodd i, Roedd Duw wedi digio ac yn gwgu ynghadair fynghydwybod, a diafol yn gwenu ac yn chwerthin am fymhen i, ac yn gweiddi or tu fewn. Ho Ho myfi piau'r aderyn. Mae fo'n fiwr yn y fagl. Mae ei feddwl ef mewn tair o gadwyni heŷrn, yn ffaſt yn ei ewyllys ei hunan, ac yn ysbryd y bŷd mawr, ac yn nigofaint y brenin mawr gydam fi. Mi ofnais hefyd na ellid byth dorri mor tair cadwyn hynny i'm gollwng i yn rhydd. Heb law hyn hefyd fe ddaeth Bytheiaid Satan ar fy ôl i dan olrhain: Gwatwarwyr y wlâd am gwawdiaſont. A phan welodd yr Heliwr nad oedd genniffatter beth a ddywede'r bŷd ai fytheiaid, fe gynhyrfodd blant y deyrnas, a rhai (megis) o blant y Brenin im ceryddu im digalonni, im rhwyſtro, ac im hoeri. Pan ballodd hyn hefyd, fe ddeffrôdd y gelyn holl wreiddiau vffern o'r tu fewn i mi fy hunan, i fôd yn ddigllon, yn aflan, yn greulon, yn benwyllt, ac yn liawn o wreichion drwg, yn fydol, yn ſarrig, yn ſuddo, yn oferfeddwl, ac yno'r oedd yn flin gennif fyw ac yn ofnus gennif farw, am nad oedd bechod yn y dyn gwaethaf ac a welwn, nad oedd ef yn ceiſio codi i ben i fynu yn fynghalon i. Roedd y nef wedi ymadel, ac vffern yn neſhau, Angelion Duw yn ymddieithro, a delwau anifeiliaidd yn ymddangos. Roeddwn i yn gweled fy mod i wedi cwympo ymyſg lladron ysbrydol anhrugarog rhwng Caerſalem *a* Iericho, *ac yn ceiſio gweiddi am help ond yn methu gweddio, Nes i'r* Samaritan *bendigedig, ſef yr Achubwr nefol, ddyfod attaf am codi i fynu. A hyn oll yr wyf yn i ddywedyd er dy fwyn di, fel os doi dithau byth i'r gwaſgfêydd ymma am y pechod, na ymellwng mewn anobaith a thriſtwch bydol, ac nag ymgura fel dafad yn y mieri, ond difgwil yn llonydd wrth fin y ffordd. Fe ddaw'r prynwr heibio, ac a'th ollwng di yn rhydd.*

Arwydd i *annerch* y *cymru.*

Ac onide, os derfydd am danat, Darfydded am danat yn ei freichiau ef wrth ddifgwil wrth ei air ai addewid ef. Ond os dilyni hyn byw fyddi, yn yfbryd y nerth, ar cariad, ar pwyll. Roedd yn fynghalon i yfgrifennu attat i'th rybuddio mewn cariad perffaith, Ond fe ddaeth y Sarph attafi, ac a geifiodd attal y pɪn ymma. Hi a boerodd ei chelwydd tuag attaf wrth fiffial fel hyn. Hunan fy'n dy ofod ar waith. Rwyti yn fcrifennu yn rhŷ dywyll, ni fedr nêb mo'th ddeall nes i'th niwl di godi, ac nid wyt ti yn dy ddeall dy hunan; Gâd yn llonydd, Mae digon o ŵybodaeth gan ddynion, bei gwnaent ar ei hôl. Mae gormod o lyfrau yn barod yn y bŷd. Dy holl wobr fydd cael dy adel fel tylluan yn y diffaethwch, fel pelican, ie fel hurtyn neu ʋn o'r philofophyddion gweigion yn ymofyn am oleuni naturiaeth i adnabod y Duwdod ynghreaduriaeth y bŷd. A welaist ti yr Arglwydd erioed? neu a glywaist ti Dduw ei hunan? Dôs i ryw dwll ac ymguddia. Mae dydd Duw wedi goleuo. Gorau i ti dewi, a gadel ymmaith fcrifennu. Gâd bawb yn llonydd a'th gydwybod dy hun yn efmwyth. Bydd lawen. Bwytta dy fwyd a chalon iach. Rhodia a chymmer dy blefer fel y gweli di bawb agos yn gwneuthur, ac yna fe eftynnir dy ddyddiau di ar y ddaiar. Wele llyma fel y chwedleuodd y ddraig gyfrwys am fi, llyma fel y ceifiodd hi fynhwyllo i. Llyma fel y gwnaeth hi ei gwaethaf i rwystro'r meddwl, i felio fyngenau ac i attal fy llaw. A phe i cawfe y Sarph i̱ meddwl ni chawfwn i nag yfgrifennu hyn na thithau nai ddarllain nai wrando. Ond fe ddaeth y Golomen ac am helpodd, ac am cynnorthwyodd gan ddywedyd. Dôs ymlaen. Rhaid i bôb gwâs arfer ei dalent (er a ddywetto dynion) ac onide Gwae'r gwâs. Nid Hunan fydd ymma yn dy gymmell, ond gwir ferch at Dduw, a chariad ffyddlon (yn nefaf) at y cymru. Nid wyti nag eraill nês er gwario o honot dy amfer byr mewn anghrediniaeth a diffrwythdra. Ac fe

Arwydd i *annerch* y *cymru.*

*gaiff rhai ganfod dealldwriaeth allan o'r niwl ar tywyll-
wch. Ie er nad yw dy gnawd di yn deall beth y mae'r* Eſay 29. 18.
*yſbryd glân ynot yn i yſgrifennu, Mae rhan yſbrydol
ai cenfydd. Nid oes chwaith fawr lyfrau cymreig yng-
hymru er pan loſcwyd papurau y Bruttaniaid gynt.
Ac (medd Duw) fy mhobl i ynghymru a ddifethir o*
eiſiau gwybodaeth, Ac am danat ti dy hun, nid gwaeth pa Hoſ. 4. 6.
*amharch a gaffech yn y cnawd. Di haeddaiſt i Dduw
dy wrthod, ath adel mewn anialwch tragywyddol, Ond
ni âd Duw byth mo honot. Ac er nâd Duw yw natur-
iaeth, ac er na ellir i adnabod drwy Philoſophyddiaeth,
etto ni wnaeth ef mor bŷd ymma yn ofer ond fe ai goſ-
ododd fel drŷch i weled ei gyſcod ef ynddo. Dydi hefyd
(ebr y Golomen) a welaiſt Dduw ei hunan, drwy
ffydd, ac a glywaiſt ei lais ef ei hunan drwy'r yſbryd
ſydd yn llefaru wrth ddynion. Ac er bôd rhan o'th
amgylch môr anheilwng ar gwaethaf, Mae er hynny
y dyn oddifewn heb pechu, a chantho law ymmhôb da-
ioni, yn ceiſio llês i bawb. Ac wrthyt ti (ô Hâd an-
llygredig a llîn yn mygu) yr wyf yn dywedyd eilwaith,
Cyfod, a Dôs ymlaen yn oſtyngedig, yn ofalus, yn ddi-
oed, ac yn ddiolchgar. ſel hyn y darfu i'r golomen
atteb holl reſymau'r ſarph, a dattroi y rhâff a nyddaſe
hi yn y meddwl. Wele (ô Eryr) Dymma ran o lais vn
o'r rhai lleſcaf om dilynwyr i. Dymma ychydig o lawer.*

Eryr. Beth hefyd?

Colomen. *Mae vn ymhellach yn llefaru fel hyn.
Byr yw fy helynt i o'r dechrau i'r diwedd. fy enioes
ſydd fel afon chwyrn yn rhedeg i'r môr. fe am ganwyd
ymmyſg creigiau, fe am magwyd mewn opiniwnau, fe am
maglwyd dros amſerau, fe am rhyddhawyd mewn am-
ſer cymmeradwy, fe am carwyd cyn dechrau amſer, a
minnau byth a gâf garu yr hwn am carodd, ai lawn
hoffi pan fo amſer wedi terfynu. Canys yr wyf dan
gariad Duw er fy môd dan gerydd pawb, Gwael yn*

Arwydd i *annerch y cymru.*

y tîr, llwyd gan môr, llawn o brofedigaethau, ond llawen mewn gobaith gogoniant nefol. Yn y cyfamser yn rhodio mewn maes yſbrydol, ymyſg defaid, ac yn rhybuddio'r geifr na thorrant ei gyddfau. A gymmero rybudd cymmered. ſynhaſg i yw bôd yn ddiniwed ymmyſg dynion. Ac oni allai lês i bawb, gochelyd gwneuthur aſles i nêb : A cheiſio byw allan o Hunan, yn yr yſbryd glân, ar Ghriſt, i Dduw, yn ôl yr yſcrythurau, etto dan ordinhadau, vwchlaw'r bŷd, iſlaw'r groes, yn erbyn pechod, ac ar dŷ ſanƈteiddrwydd, ymmonwes craig yr oeſoedd, yn blino ar gwrs naturiaeth, yn brefu am y ffynnon nefol, ac yn gweddio ar i Dduw roddi heddwch nefol, a llawnder gwirionedd i'r Cymru tirion, iw porthi a gwybodaeth ac a deall yſ-

Jer. 3. 15.
Eph. 3. 19.

brydol, ac iw llenwi a holl lawnder Duw, ac ar i minnau gael cyfran o'r rhandir nefol ymmyſg y rhai cywir mewn Duwioldeb, ac ar i'r amſer fryſſio pan na bo rhyfel yn vnlle ond ymmhyrth Satan ai angelion (a hynny a welaf.) Jabez a weddiodd, a Duw ai

1 Chron. 4. 10.

gwrandawodd. ſe ofynnodd bedwar peth ac ai cafodd. Diſgwil yr wyf finnau ar y Duw dinewidiad yr hwn

Eph. 3. 20.

a ddichon wneuthur mwy nag a allwn i ofyn nai feddwl. Iddo ef y bo'r glôd ar mawredd ar doethineb ar diolch ar deyrnas ar cariad ar cwbl yn dragywyddol.

Eryr. Mae'r amſer yn dylifo fel pellen ymmaith, Rhodded y Golomen vn gair o gyngor etto ir Eryr cyn ymadel.

Colomen. Deall a dilyn yr hyn a glywaist yn barod.

Eſay 59. 5.

Canlyn y lluſern a roddwyd i ti. Gochel wŷau'r neidr ar gigfran yn dy reſymau dy Hunan. Na reoled yſbryd y creadur ynot, Canys y Sawl a ymlenwo ar creadur ſydd wâg fynychaf o'r Creawdr. Na chais fôd yn llawn meddyliau. Gwell yw vn meddwl difrif nefol mewn diwrnod, na phum cant o rai diſclair naturiol. Mynn ddifa dy Arglwydd Bechod oddifewn, ar

Arwydd i *annerch* y *cymru.*

*lleill a ymroant. Ac wrth hyn y cai di adnabod y
pechod hwnnw. fe reolodd yn dy henafiaid. Mae dy
feddyliau dithau nôs a borau yn hedeg atto (fel brain
vwchben burgyn.) Pechod yw am yr hwn y mae dy
gydŵybod yn dy gyhuddo, a'th elynion yn dy gywil-
yddio, a'th wir-gyfeillion yn dy rybuddio. Gochel
hwnnw (yn anad vn) beth bynnag yw. Cofia ymmhôb
cwmnhi dy fôd ti ar dy daith tuar bŷd bythol, ac ystyria
gwymp yr Adda cyntaf a chodiad yr Ail. Cwympaist
yn ddiammau gyda'r cyntaf: Cyfod heb ammau gyda'r
ail hefyd. Na dderbyn vn athrawiaeth cyn i chanfod.
Na wrthod vn gair cyn i holi, ac na chwda oddiwrthyt
mor gwirionedd a dderbyniaist vnwaith. Na choelia
mo ſŵn y wlâd, ond gwrando beth a ddywaid Duw
wrth dy enaid anfarwol di: Onid oes ynot waelod pôb
gŵybodaeth a rhinwedd, ni elli di wneuthur y pethau
hyn. Ond os oes, Bydd yſbrydol ddiſigl yn dy fedd-
yliau, nid fel tonn y môr, neu ewyn y dŵfr, neu bren* Jac. 1.
*diwraidd, mewn tymhestl, neu long heb angor, ne ûs
anwadal, Bydd anaml mewn geiriau, ac aml mewn
gweithredoedd nefol gorcheſtol. Ac wrth ddywedyd,
Cofia, Mai mewn llawer o eiriau nid oes ball ar* Dih. 10. 19, 21.
*bechod, ac er hynny na fydd fudan (canys gwefuſau'r
cyfiawn a borthant lawer.) Wrth geiſio derbyn mwy
o'r yſbryd da, gochel rhag ir vn drŵg ruthro i mewn
yn ei fantell ef: Mae rhai lloerig a rhai dieſlig, ar* Math. 17. 15.
*gelyn yn marchogaeth ar ſûg ac ar humors ei cyrph
nhwy. Mudion a byddariaid yn malu ewyn, yn llygad-
tynnu ac yn ſynnu'r gwirion. Mae eraill fel y Bedydd-
iwr, yn dyfod heb na bwytta nag yfed ac meddant* Mat. 11. 18.
*wele gythrael ganddo. Ond rhaid i ti brofi yr yſbryd-
oedd. Ac llei bo (meddaf) oleuni a phurdeb a chariad
a goſtyngeiddrwydd yno y mae Duw ei Hunan yn
aros. Gochel y ffyrdd Pabaidd hefyd, nid am nad* 1 Tim. 4. 1, 2.
*oes ddyſceidiaeth yn ei myſg, ond am mai creulon
fuont wrth bawb eraill, am hynny tywelltir phiolau*

Arwydd i *annerch* y *cymru.*

Dat. 16. 6. *dialedd ar y genhedlaeth honno. Na ddotia wrth feddwl am lawer o opiniwnau tra fych di dy hun yn gwneuthur llawer peth yn erbyn dy gydŵybod. Gwna (o Eryr) dy orau i rwyſtro pôb Drŵg, ac i rwyddo pôb Da yn y wlâd oddifewn ac oddiallan. Na chwſg ond hynny yn nhommen y cnawd (o ſwyddog.) Pryn dy amſer. Na âd ir ſyrthni, ar ymborthi diofn, ar balchder, ar oferedd lyngcu dy einioes di ath deulu. Canys y peth a baſſio vnwaith ni elli moi alw yn ôl. Gorchymyn heddwch a threfn dda (od oes awdurdod genit yn y wlâd) ô vſdus. Na âd i'th gymydogion fyw fel anifeiliaid direſwm. Coſba bawb ar a weithredo ddrŵg yn erbyn ei gydŵybod fel y dywedaiſt di dy hun o'r blaen. Nid digon dywedyd heb wneuthur. Ac os cais nêb gelu ei oleuni, ymreſymma ag ef yn ofn Duw. Dymma'r ddamnedigaeth fôd dynion yn caru'r tywyllwch yn fwy nar goleuni ynddynt, ac yn mynd felly yn yrroedd ir lladdfa. Caffed pôb drwgweithred genit y goſp a haedde. Na ddyger bywyd dyn am anifail. Bydd dadmaeth i ddaioni ymmyſg Pawb, ac nid fel*

Gen. 10. 9. *Nimrod yn llâdd ac yn llyngcu y cwbl ei hunan. Na chais chwaith yſtwytho cydŵybod nêb i'th opiniwn di drwy rym, ond drwy reſwm, a chadw heddwch i bôb vn i ddywedyd ei feddwl, os heddychlon yw. Mae opiniwnau'r cyndyn mor aml ai dyddiau, ac mor anwadal ai llygaid. Mae llawer o groes ffyrdd yn llawn lladron hyd yn hyn ymhedair congl y ddaiar. Os troi di oddiar y ffordd di a gwympi iw dwylaw nhwy. Am hynny Gochel meddaf, fel dymma'r dyddiau diwaethaf dyrryſaf perycclaf. Dy waith di yw dy wadu dy hun, Derchafu mâb Duw, Caru pôb dŷn, Caſhau pôb pechod, ymnythu yn Nuw yn vnig. Diſgwyl yn arafaidd am ei bleſer ef, ymeſtyn ymlaen at y perlau tragywyddol, Cadw gynhwyllin dealldwriaeth y ſeinctiau o'r blaen. Gochel ffluwch o ŵybodaeth yn y pen heb nerth yn y galon a phurdeb yn y bywyd. Ac edrych am*

Arwydd i *annerch* y *cymru.*

ddydd y farn bôb munud. a chais heddwch, a châr wirionedd, a gwîr Dduw'r danghneddyf ar goleuni a fydd gydath di ac ynot ti. Ond onis gwnei yn ôl fynghyngor i ond gwrthod o honot wrando ar fy llais. Wele fcerbwd drewllyd a fyddi di yn y wlâd, a charcharwr anefmwyth yn y pwll diwaelod heb gael byth newid dy big. Ond (ô Eryr adenog) mi debygwn dy fôd ti yn addfed i ddaioni, Am hynny fy nymuniad yw ar i tithau hefyd ehedeg dros dair fir ar ddêg Cymru, a dywedyd wrthynt ymmhôb tref a phentref, ymmhôb llan a threflan, ymmhôb cymydogaeth a theulu, wrth bôb vn o ganghennau Adda, Hên ac ifangc. Edifarhewch. Mae teyrnas y Brenin mawr yn agos. Na chwedleuwch oferedd y naill ai gymydog mwy. Ymrowch i ddifgwil am ymddangofiad y Duw mawr ar holl galon mewn bwriad nerthol i ddychwelyd atto yn ei allu ei hun. Cedwch y gwîr Sabbaoth oddifewn ac oddiallan. A Duw'r Drugaredd a ddifgleirio arnochwi or vchelder.

Eryr. O Golomen. Mi wrandewais arnat yn ddiftaw fel y dyle'r mwyaf ar y lleiaf, Ac mae fy meddwl i yn ddiolchgar am y cwbl, Ac am dy holl gynghorion caredig. Mi a roddaf i tithau air cyn ymadel. Cadw ar yr aden yn waftad, Canys mi wn fôd llawer aderyn dû mewn cenfigen yn chwennych cael gafel arnat. Pe bai yn rhaid mi ddywedwn. Gochel ddifcyn i lawr i garu'r ddayaren, Gochel hedeg allan o olwg yr Arch. Ond mae vn yn dy ddyfcu di, nid rhaid i mi mo'th gynghori di ymhellach.

Colomen. *Nid ydis etto ond trydar, fe gair llais arall ar ôl y chwe diwrnod. Na edryched neb am fynwyr yn ôl dyfceidiaeth y byd oddiwrth Golomen wirion. Nid wyfi yn meddwl drwg i nêb, Am hynny na ymddigied nêb (nag ymflined nêb i bigo tyllau yn y llyfran hwn.) Swm yr hyn a ddywedais*

Arwydd i *annerch y cymru.*

yw Dirgelwch yr Ailenedigaeth yn y dwfr ar tân ysbrydol. Dymma ddigon (meddaf) i'r doeth, a Dymma ormod i'r cyfrwys.

Eryr. Mae gennif lawer o Gweſtiwnau caledion eraill iw gofyn, Ond ni ai gadawn nhwy dan Glô nes cael yr Agoriad ar odfa neſaf (os rhoddir hi i ni.) Melys fydd gan rai ddarllain ein hymddiddanion ni, ond chwerw fydd iddynt i carcharu ai Gwawdio. Ac mi wn mai gwîr a ddywedodd *Salomon.* Y gwatwarwr a gais ſynwyr ac nis caiff, ond hawdd yw i'r deallus ddeall. Y pechadur a ddibriſia yr hyn ni ddeall, ac a wnaiff yn erbyn yr hyn a wŷr. Nid yw nês er cael hyn iw dŷ oni bydd oddifewn. Ond mae'r geiriau a ddywedaiſt ti wrthyf fi fel mêl yn fyngenau i, beth bynnag a ddêl yn neſaf. Ni a adawn hynny i ddyfod, ac yn y cyfamſer ni a gŷdehedwn ynghylch yr Arch yr hon a achubodd weddillion dynion. Gorau i'r plentyn fôd gydai rieni ac i ddyn fod gyda Duw, Diſgwiliwn wrtho. Gwnaed a fynno. Ond Gwrando Accw. Mi glywaf adar eraill yn ymreſymu. Ai gorau i ni fyned i wrando arnynt?

Dih. 14. 6.
Jud. 10.

Colomen. *Gwrandawed pawb ar y llais cywir, Ond na reded ar ôl cyſcodau. A Gwna dithau* O Eryr *yr hyn ſydd ynot fel y dylit i wneuthur.* Amen. *Ac felly ffarwel.*

TERFYN.